雪本无香,有谁真见过香雪?苦苦追寻,只是因为它难以勇者不惧,知其不可而为之,这便成了向君他们的死穴

题赠《香雪文丛》

壬寅 锺叔河

故纸堆里觅真相

求索与发现—史料与求实—诗情与诗魂

吴心海 著

山西出版传媒集团　北岳文艺出版社

·太原·

图书在版编目（CIP）数据

故纸堆里觅真相 / 吴心海著. — 太原：北岳文艺出版社，2024.10. —（香雪文丛 / 向继东主编）.
ISBN 978-7-5378-6944-7

Ⅰ．K825.6
中国国家版本馆CIP数据核字第202408TC32号

GU ZHI DUI LI MI ZHENXIANG
故纸堆里觅真相

吴心海　著

//

出品人 郭文礼	出版发行：山西出版传媒集团·北岳文艺出版社 地址：山西省太原市并州南路57号　邮编：030012
选题策划 谢放	电话：0351-5628696（发行部）　0351-5628688（总编室） 传真：0351-5628680 经销商：新华书店
责任编辑 谢放	印刷装订：山西万佳印业有限公司
装帧设计 徐奎	开本：787mm×1092mm　1/32 字数：234千字　印张：10.875 版次：2024年10月第1版
篆刻 李渊涛	印次：2024年10月山西第1次印刷 书号：ISBN 978-7-5378-6944-7 定价：78.00元
印装监制 郭勇	本书版权为本社独家所有，未经本社同意不得转载、摘编或复制

总序

香雪是广州地铁6号线的一个终点站名。近几年，常往返于6号线上，每每听到这个报站，总觉得有味。有时拿起一张地铁线路示意图，一个个站名过一遍，唯觉得香雪这名儿富有内涵，让人遐想。

记得还是二十世纪八十年代，曾参加一次文学讲座。一位诗人教导我们如何作诗，他顺口溜出几句写雪的诗："江山一笼统，井上黑窟窿。黄狗身上白，白狗身上肿。我就去打酒，一脚一个洞……"显然，前四句是唐人张打油的《雪诗》，后面恐怕是他随意发挥的。他说这首诗，好就好在全诗没有一个"雪"字，却把"雪"惟妙惟肖写了出来。作为一个客住之人，我对粤文化所知有限，不知当地是否有咏雪的诗篇遗存；即便有，也不会太多吧。

广州是个无雪之城。每年冬天，要看雪，只有北上远行。市郊有广州海拔最高的白云山，冬天偶尔也会飘几粒雪花，但落地即融化。香雪之名缘何而来？后来才知道是萝岗有一香雪公园。旧时，广州也有"羊城八景"之说，香雪自然名列其中。

羊城人喜欢雪，就因为无雪吧。

由广州人好雪，我联想到一个有趣的问题：凡生活中没有的东西，人们总是越想得到。譬如一个美好的愿望，其实就是一种精神诱导，或叫一种心理安慰剂，尽管如镜花水月，而有，总比无好。画饼还是要的。未来是美好的，现在吃苦受累，就是为了将来。天堂并不是虚妄的。然而，经验却告诉人们，越是根本不存在的事儿，越是大张旗鼓，堂而皇之，煞有介事，以期达到望梅止渴……我是个过了耳顺之年的人，河东河西，一生也算见过不少，如要追溯这传统，恐怕比我辈年长，只是觉得于斯为盛罢了。

香雪之所以拿来做了丛书名，也是一时想不到更合适的。至于能做到多大的规模，还真不好说。唯愿读者开卷有益，也愿香雪能带给人们不一样的遐想。

是为序。

向继东

二〇二二年三月于广州

目 录

一 求索与发现

雨巷诗人尘封八十三年的情书　/3

一事能狂便少年

——李白凤遭遇查良铺莽撞组合拳钩沉　/24

大战勃发，我辈将不能生存

——郁达夫遗札两封释读　/52

马可波罗再来，当赞杭州"天上之天"

——郁达夫佚函《回杭观感》　/67

韩北屏、路易士的《两地书》　/74

周作人于沦陷时期的一篇重要访谈　/84

一生三世薛慧山

——兼谈梁实秋集外文　/98

臧克家被查禁的《神经病的特效药》　/112

吴宓与日记里的张天授

——兼及吴宓在《重庆日报》写了什么　/119

二 史料与求实

两首欢迎陈独秀的出狱诗　／141
海明威在中国打过鬼子吗？　／147
"象征派诗人"头衔的吴诗人是谁？　／164
《散步的鱼》里的"远方和明日"　／171
吴奔星自作主张修改了郭沫若的《"六一"颂》吗？　／180
孙大雨的指控和周策纵的讹传
　　——为何其芳、吴奔星一辩　／197
一桩美丽的误会：石挥辨诗香　／212
赵瑞蕻：九叶诗派根本不存在　／216
吴翰云：《小朋友》"最忠实的保姆"　／232

三 诗情与诗魂

冰心：名副其实"海的女儿"　／245
陈梦家怀念亡妹的佚诗　／265
臧克家"最有意义的诗"源于散文
　　——臧克家佚文《炭鬼的世界》　／272
水天同戏作胡适之体的六首诗　／279
南国诗人荻叔的惊叫　／292

不以诗人闻名的作家的新诗·五题

  （陈子展、周而复、萧也牧、刘白羽、孙犁） / 301

早慧诗人吴兴华的童年习作 / 314

罗念生的笔和拳头 / 318

我思想，故我是蝴蝶

  ——戴望舒给李白凤的题诗 / 324

诗人俱成风景

  ——邵燕祥先生与诗二题 / 329

跋 / 335

一　求索与发现

雨巷诗人尘封八十三年的情书

前几天,有朋友告诉我,民国时期的《晨报》刊载有先父吴奔星的诗文。本以为这个《晨报》是先父在北平就读大学时所投稿的《北平晨报》。结果,此《晨报》并非《北平晨报》,而是潘公展1932年创刊于上海的《晨报》。很快,我在1934年和1935年的《晨报》上找到了先父的散文和诗作各一篇。

这几年,我的关注重点在搜集整理先父当年在北平创办的《小雅》诗刊及"小雅诗人群"的资料上,当在《晨报》上又看到《小雅》诗人侯汝华的诗作后,不由兴趣陡增,连续花了半个月时间,几乎把《晨报》及其1935年9月出版的副刊《小晨报》翻了个遍。结果,除了找到更多诗人侯汝华的作品外,我还无意中看到诗人戴望舒的一封情书,堪称一个意外的大收获!

可能是诗人唯一存世情书

由于诗人戴望舒也是《小雅》的作者之一,先父吴奔星也曾投稿诗人主编的《新诗》月刊,父亲生前曾对我说过1950年3月5日在北京新华社国际俱乐部参加诗人戴望舒追悼会的情形。因此,我对诗人戴望舒的创作、生活及坎坷的情感经历略有了解。不过,读了这封情书,却感觉十分陌生,印象中从未有论者提及。于是"上下求索",从国内几大搜索引擎,到林林总总涉及诗人戴望舒的传记、婚恋的书籍,甚至专门写戴、穆二人的书籍[1],都没有提及这篇情书,更不用说其他零散的相关文章了。如此说来,戴望舒的这封情书,就不仅仅是诗人的一篇普通佚文,而且可视为诗人唯一存世的情书,更是研究诗人情感生活的第一手资料!

戴望舒的这篇情书发表在1935年12月21日《小晨报》,题目是《·〈望舒草〉外·诗人书简 戴望舒致穆丽娟》,其"编者按"说:

> 当戴望舒诗人和穆丽娟女士订婚成功之夜,我们获得了戴先生许可,把他所写的第一封"诗似的求爱之书"公开出来;无疑地,这是深可宝贵的纪念物;因为当戴诗人由法国归来以后,除了写过四首小诗以外,还没有其他的创作发表在国内的刊物上,而这封求爱的信,就不但是戴诗人的文学的杰作,且还是他自己最忠实的自传之一页了!现在,我们荣幸地获得了它,便揭载在这里。乘便谨祝颂他们这美满的一对有一个永远美满的前程。(原文已略有删节,因不无牵涉他人处,不便直截发表也。)——原信珍藏姚苏凤处。

这个"编者按"有两点最为重要:一是戴望舒和穆丽娟曾公开订婚;二是戴的情书由姚苏凤收藏。

---

1 如王文彬著《戴望舒穆丽娟》,中国青年出版社,1995。

戴、穆订婚于1935年12月18日

先说其一。迄今为止,很少有学者涉及戴、穆订婚的具体情况。比如,刘保昌的《戴望舒传》[1]谈及戴、穆情感时,订婚时间只说是1935年冬天,并说订婚"没有举办正规的仪式":

> 1935年冬天,戴望舒委托好友杜衡向穆丽娟的母亲提亲。穆父刚刚去世,穆母与女儿之间平等相待,能够娓娓谈心,对于这件婚事主要听女儿的意见,自己没有反对的理由。于是,二人订婚了,虽然没有举办正规的仪式,但是戴望舒还是送给穆母一笔钱,让她陪女儿买一枚钻石戒指,送给穆丽娟,算是定情之物。结婚的时间也敲定下来,过半年就举办婚礼。(第143页)

这里"穆父刚刚去世"的表述也是有问题的,因为穆丽娟的父亲1933的夏天就去世了。

陆阳笔下的戴、穆相恋,则是"这一年的冬天,两人相识半年后,立下了婚约,没有举行订婚仪式,戴望舒只是给穆丽娟买了一个钻石戒指,以志纪念,并登报宣布了两人订婚的消息"。[2]

无论是"1935年冬"的模糊表述,还是"虽然没有举办正规的仪式"或"没有举行订婚仪式"的描述,显而易见,作者均缺

---

[1] 湖北长江出版集团,2007。
[2] 陆阳:《情爱民国:民国文人的婚恋微纪录》,团结出版社,2014,第194页。

乏具体资料。事实上，戴、穆的订婚消息，就刊登在1935年12月18日上海《申报》上，标题是"戴望舒穆丽娟订婚启事"，正文为：

> 兹承载杜衡先生介绍并得双方家长同意择于国历二十四年十二月十八日订婚敬此奉闻亲友恕不另简

关于戴穆订婚，1935年12月20日的《小晨报》也曾刊发了一条新闻，题为《戴穆联姻·杜衡为媒》，现场感十足，照录如下：

> 关于戴望舒和穆时英妹妹的订婚消息，现在才正式实现。十九日下午二时，杜衡长袍黑褂，施施然而入公园坊，经戴望舒面授机宜以后，便手捧法币一百元，白金线戒一对（每只值洋十八元）直趋穆老太太处，一说便见成功。当夜便由老戴在聚兴园设宴谢媒人，又化去法币八元。据谈，结婚之期将在明年春天。（明日本报发刊戴诗人求恋的信一封，请注意。）

文中的公园坊是上海江湾的一处公寓，产权或属于刘呐鸥。公园坊居住了"天才作家"黎锦明，有名的第三种人杜衡，"文学百货会社"社长高明，有书皆痴的郭建英，"唇红齿白"的叶灵凤，姚苏凤，刘呐鸥，穆时英、杜衡、戴望舒等。至于聚兴园，则是上海市沪西地区一家以供应上海本帮菜肴，专长鱼鲜烹饪而闻名的菜馆。

微笑

輕嵐從遠山飄開，
水蜘蛛徘徊在靜水上；
說吧：無限意，無限意。

有人微笑，
一顆心開出花來，
有人微笑，
許多臉兒憂鬱起來。

做定情之花飾的點綴吧，
做迢遙之戀慕的憑藉吧。

戴望舒

戴望舒发表于《妇人画报》1935年第29期的诗作《微笑》

1935年12月21日上海《小晨报》刊登戴望舒致穆丽娟情书书影

通过《戴穆联姻·杜衡为媒》这则史料,我们得知,戴穆订婚之期,是1935年12月19日下午。《小晨报》获允发布戴望舒的情书乃订婚成功的当晚,第二天就发了消息并预告将公布诗人的求爱情书,不可谓不及时。

姚苏凤:戴、穆恋爱过程的见证者

戴望舒情书的珍藏者姚苏凤(1905—1974),苏州人,是民国知名报人,还是电影编导、评弹作家、影剧评论家。上海《晨报》创刊后,姚苏凤曾担任该报副刊《每日电影》的编辑(其实就是主编),后来他还介绍穆时英担任副刊《晨曦》的编辑,1935年9月《小晨报》创办后,两人又一起主持这份小型报。既然姚苏凤和穆时英都参与《小晨报》的编辑工作,戴望舒这篇情书的来源就十分可靠了,毕竟穆丽娟是穆时英的嫡亲妹妹呢!

坊间有关戴、穆情感的书籍、文章里,姚苏凤的名字从来没有出现过。然而,戴望舒写给穆丽娟的这封情书里,却不同寻常地提到了"苏凤"的名字:"正如苏凤所说,你能否接受我的爱,也就是解决你一切烦恼的关键。"这里的苏凤,显然就是姚苏凤,他在《晨报》上就用此名发表过新诗作品。由此可见姚苏凤在戴、穆相恋的事情上,是起了相当作用的,既是旁观者和目击者,又是见证者,毕竟他们都是公园坊这个作家大家庭的居民!关于这一点,《大晶报》1936年7月19日刊发的《诗人之婚戴穆姻缘小事小纪》也有介绍:

> 戴穆两人，既系自由恋爱，没有人从中介绍，但结婚时不可无介绍人点缀其间，所以临时请出了杜衡姚苏凤两人，作现成的媒人。

姚苏凤能够和杜衡一起出任媒人，还是可以说明他在戴穆姻缘中是起了作用的。

至于上述《小晨报》上发表的消息《戴穆联姻·杜衡为媒》，虽然没有署名，但作者为姚苏凤的可能性非常之大，毕竟姚是《小晨报》的编辑，而自己主管的版面上出现没有署名的文字，惯例都是出自编辑本人。此外，发表戴望舒情书的那段"编者按"，无疑更是出自姚苏凤的手笔。

姚苏凤和作家们的渊源颇深，并一直延续。在《晨报》（包括《小晨报》）1936年初被当局勒令停刊后，姚苏凤还曾和穆时英、高明、叶灵凤、刘呐鸥等人共同创办了综合性文艺刊物《六艺》，姚本人还在第2期上发表过新诗作品《小手表》。

抗战爆发后，姚苏凤去了香港。高梅珊在《鏊亦清纯爱亦浓：冯亦代与黄宗英的情爱世界》一书里写到1939年6月3日冯亦代结婚，"在朋友姚苏凤的贺词中，在戴望舒和穆丽娟、徐迟和陈松、凌宪扬和杨蔼芳三对夫妇的祝福中，冯亦代和郑安娜（曾用名郑笑容）举行了婚礼"。原来，姚苏凤还是冯亦代文字生涯的引路人。冯亦代在《忆香港》一文中回忆，他1938年到香港后，在保险公司工作，工作极为单调，他一心要想跨入文艺的殿堂，后来在同学陈宪锜的介绍下，先是认识了徐迟，由他介绍又认识了姚苏凤：

姚苏凤当时在编一张晚报《星报》，他约我从《读者文摘》一类的美国期刊上译些小文章。到现在我还能够清楚回忆，当自己的名字第一次见于报纸上时的喜悦。……

认识姚苏凤使我又萌发了一个向往，我如果设法参加《星报》，便有可能使我离开中国保险公司那些令人生厌的差事。此念一生，我便想方设法去实现它。这时一件"无巧不成书"的事情发生了，我当时想结婚，但是以我在中国保险公司的微薄收入，是无法建立一个小家庭的，必须男女双方都有工作才能维持，沪江大学校友会每星期都有个聚餐会，会长是凌宪扬，我请他给我未来的妻子郑安娜找个工作，这样她可以南下而我们可以结婚。他说女职员的工作很难找，如果我有兴趣的话，他可以给我在中央信托局购料处找个职位，收入可以增加一倍多；但有个条件，我必须义务给《星报》做翻译英文电讯的工作。原来他当时不但是信托局购料处的副经理，还是孔祥熙儿子孔令侃出资所办《星报》的报社社长。我当时就答应了下来。《星报》的英文翻译原是徐迟，但这时他担任了收入较好的差事，电讯工作便由我去接替了。对于我来说这是个天大的喜事，既可有一笔较优的收入，又可进入报馆一酬素志。于是我开始与写作生活接近了一步。进了报馆便可认识许多同行，写作的机会也便来了。[1]

---

[1] 冯亦代：《龙套泪眼》，青岛出版社，2013，第79—81页。

抗战胜利后,冯亦代和姚苏凤返回上海,合办《世界晨报》,冯出任总经理,姚担任总编辑。

帮戴望舒传递情书的赵小姐是谁

戴望舒写给穆丽娟的情书末尾,有"这封信由赵小姐转交给你,你给我的回答也请由她转交给我"字样。这里的赵小姐,有姓无名,她究竟是谁呢?

既然赵小姐能够给年方十八的穆丽娟传送情书,她想必是他们周围的熟人。记得看过徐迟的《江南小镇》,提及夫人在香港生下大女儿后,戴望舒、穆丽娟把家中楼下的客厅布置成一间卧房,请他们过去住的情形:

> 陈松出院就直接住进了亨利路亨利村的房子的一楼。二楼住了望舒、丽娟和他们的女儿戴咏素;三楼住叶灵凤和他新婚不久的赵小姐,不知为什么我们一直都叫她赵小姐,给她保住了一个独立的人格,没有用什么夫人之类的依附性的其他称号。[1]

徐迟的回忆文章说的是1938年在香港的事,此时此地的赵小姐,和1935年在上海的赵小姐,是不是同一个人呢?1935年,叶

---

[1] 徐迟:《徐迟文集·第9卷·江南小镇(上)》,作家出版社,2014,第217—218页。

灵凤倒是和戴望舒同住在公园坊公寓。不过，那个时候，赵小姐和叶灵凤是否认识呢？

孔另境编的《现代作家书简》[1]，收录了一封1935年6月8日叶灵凤写给穆时英的信，这是他对穆时英7日来信的回复，穆时英在信中希望叶灵凤也搬到公园坊来居住。叶表示，自己的书多，固定在四面墙上的书架拆起来很不容易，搬家"说起来容易，实行却非易易"，要等到万不得已才愿意搬家。

这封信末尾的一句话，"上次吃的红烧牛肉，不妨请你太太再烧一次，我带赵小姐一起来"，不但显示出叶灵凤作为美食家的好吃本性，而且为我们提供了赵小姐身份的准确答案。

关于赵小姐在戴穆交往中的作用，前述《诗人之婚戴穆姻缘小事小纪》有如下文字，似也是眼下论者没有关注过的：

> 叶夫人赵克臻，因曾和新娘同居一室，所以对新人的恋爱经过，全本西厢记，都在肚子里，当举行婚礼时，忽有人提议请叶夫人报告两人的结合经过，夫人忸怩多时，终未敢开口，只得作罢。

赵克臻曾是叶灵凤主编《现代小说》的"母公司"——现代书店的一名员工。她当年不但传递了戴望舒写给穆丽娟的情书，后来也无意中成为戴、穆婚姻破裂的"导火索"。

---

[1] 生活书店，1936。

有一种说法,即1940年冬至,穆丽娟的母亲在上海去世,戴望舒扣押下上海的电报没有告诉太太。一天,穆丽娟穿着大红的衣服出门,叶灵凤的夫人赵克臻看到,不由笑了起来。穆很诧异,但赵也不告诉她究竟。后来穆从他人口中得到实情,对戴望舒大为不满,带着女儿赶回上海,不久修书提出离婚。[1]当然,也有另一种说法,是赵克臻告诉了穆丽娟她母亲去世的消息。[2]

陈子善教授告诉我,文中的"赵小姐",即赵克臻先生,他见过一面。那年她和女儿叶中敏来沪,子善教授和陆公子(陆灏)与她们在静安宾馆吃饭聊天。还写过一篇小文《施赵唱和》,介绍她的旧诗。

戴望舒写情书时尚未解除和施绛年婚约

《小晨报》上刊登的戴望舒写给穆丽娟的情书,篇尾注明"7月6日"字样,当然是指1935年7月6日,毕竟诗人戴望舒当年4月才从法国返回上海,原来所爱的施绛年已成为往事,却不能随风而逝,当然这就是他在情书里所说的"恋爱上的不幸之事",也让他"差不多陷于一种完全的忿恨和绝望之中"。当然,戴望舒入住公园坊后,和穆时英、穆丽娟兄妹成为邻居,相互走动不少,戴成为穆家客厅的座上宾。穆家姑娘有时会去戴家

---

[1] 参见王文彬:《雨巷中走出的诗人——戴望舒传论》,商务印书馆,2006,第251页。
[2] 参见王鸣剑:《无希望的爱恋是温柔的 中国现代作家婚恋生活对其创作的影响》,中国长安出版社,2003,第299页。

帮诗人抄写稿件。没过多久，戴诗人就改变了对女性的看法。

从诗人情书中"我曾经几次想向你表示"看，戴望舒对穆丽娟产生感情的时间大约应该在6月份。而对方首肯的时间，应该是情书发出之后，当然，首肯难免还是要有前提条件，需要戴望舒去解决。

坊间叙述戴望舒和施绛年感情纠葛的文字，一般都是说戴望舒1935年4月回到上海，第一要务就是直面移情别恋的施绛年。诸多论者虽然都没有明确写出戴、施取消婚约的具体时间，但从行文看来，似乎是戴望舒当年4月回到上海之后，就登报和施绛年解除了婚约！沈建中编撰《施蛰存先生编年事录（上）》，在1935年5月编年事录的末尾，如此表述："约在期间，戴望舒从法国巴黎返回上海，也暂居吕班路万宜坊28号，不久后登报与先生之大妹施绛年解除婚约。"[1]

戴望舒究竟1935年几月几日返回上海？现有说法均含糊其辞，让我颇感疑惑。1935年4月16日、17日，上海《社会日报》曾连载号称戴望舒震旦大学时的熟人"姜公"[2]的文章《留法诗人戴望舒》有一段文字：

> 昨忽又获晤留法新诗人戴望舒，接谈之下，乃悉新诗人固为吾阔别将近十年之久之老友，此诚喜出望外……

---

[1] 上海古籍出版社，2013，第309页。
[2] 承我的朋友黄恽兄告知，"姜公"是扬州小说家张秋虫的笔名。——作者注

昨夕张静庐于其寓庐大开汤饼之宴，折简相邀，悉属老友，乃弗能弗破例一往。酒阑，共趋别室，促膝谈心。忽见一西装少年，魁梧奇伟，仪表甚都，肤微黝，面呈豆瘢，如马伏波将军西征交趾归来时，衣履整洁，丰度翩翩，更饶有时下健康之美。老夫自惭落魄，都废寒暄，而此君见余，遽欢然握手，笑询曰，姜兄，尚忆及我否，何相见不相识也！余谛视久之，瞠然几不敢冒认，观厥状极诚挚，度非相戏，顾自愧目光之钝，益荷荷不知何以致词。此君知我窘也，迺自通姓名曰：我戴望舒也。此名入耳甚熟，余固时相见于新闻纸上，特私心窃念，终不信我竟认识此留法归来之有名新诗人！……

如果此文属实，那么戴望舒至少在此文发表之前，就回到了上海。希望有朝一日能够找到更多史料和旁证确定戴回国的时间。

在诸多论者的笔下，戴望舒1935年返回上海后，就立即与施绛年解除了婚约，事实上，婚约的解除大大晚于一般人的想法。甚至，他在给穆丽娟写这封情书之时，从理论上而言，和施绛年的婚约还在存续阶段。对戴望舒而言，一个曾经对爱情处于"完全的忿恨和绝望"的男人，现在"整个的心都归属于你了"，这不就行了？但对于女人而言，对于年方十八的穆丽娟而言，这怕是万万不行的。戴望舒在给穆丽娟的信中说"如果你以为还有可以考虑的地方，那么也请你告诉我你所考虑的是什么，我总会立刻圆满地答复你的"。

我们不知道穆丽娟究竟考虑的是什么。不过，这封信写就的七天之后，即7月13日，上海《申报》上刊登了一则简短的《戴望舒施绛年启事》，正文只有十九个字："我们经双方同意自即日起解除婚约特此声明"。

戴望舒给穆丽娟写过情诗吗？

不少论者表示，戴望舒的名作《雨巷》里的丁香姑娘，就是以施绛年为原型的。戴望舒长女戴咏素曾说：

> 我表姐认为，施绛年是"丁香姑娘"的原型。施绛年虽然比不上我妈以及爸爸的第二任太太杨静美貌，但是她的个子很高，与我爸爸一米八几的大高个很般配，气质与《雨巷》里那个幽怨的女孩相似。[1]

到底"丁香姑娘"是不是施绛年，可能并不重要。不过，戴望舒1929年出版的第一本诗集《我底记忆》，扉页就白纸黑字地印有法文A Jeanne，中文就是"给绛年"的意思，下面一页则用拉丁文题上了古罗马诗人提布卢斯的诗句，他自己把拉丁文诗句翻译成的中文是："愿我在最后的时间将来的时候看见你，愿我在垂死的时候用我的虚弱的手把握着你。"

有文章说，穆丽娟晚年时依然对戴望舒耿耿于怀。她说："他对我没有感情，他的感情完全给了施绛年去了。"据说，事

---

1 见《名人传记》编辑部编《名人掌故》，河南文艺出版社，2015。

1936年7月12日徐迟在戴望舒、穆丽娟婚礼上担任伴郎。坊间书刊多误称戴、穆是6月结婚

情的导火索是戴望舒1932年发表的诗作《有赠》被电影《初恋》改编为主题歌。该片1938年4月由艺华影业公司出品,刘呐鸣编剧,徐苏灵导演。其中,歌词里的"你牵引我到一个梦中,我却在别的梦中忘记你,现在就是我每天在灌溉着蔷薇,却让幽兰枯萎",让穆丽娟很伤怀。用戴望舒外甥女钟萸的话说,穆丽娟认为幽兰是指施绛年,戴望舒仍然爱着施绛年,他认为穆丽娟是蔷薇,有刺的,这让穆丽娟极为尴尬和伤心。[1]

戴望舒把整个一本诗集《我底记忆》献给施绛年是不争的事实。那么,戴望舒是否专门给穆丽娟写过情诗呢?迄今为止未见专家学者谈及。

1937年,戴望舒由上海杂志公司出版《望舒诗稿》。这本诗集收诗六十三首。包括作者《我底记忆》和《望舒草》中的全部

---

[1] 参见项静:《民国少女》,金城出版社,2012,第128—129页。

作品，另收新作《古神祠前》《见毋忘我花》《微笑》《霜花》等四首。

> 为你开的／为我开的勿忘我花，／为了你的怀念，／为了我的怀念，／它在陌生的太阳下，／陌生的树林间，／谦卑地，悒郁地开着。
> 在僻静的一隅，／它为你向我说话，／它为我向你说话；／它重数我们用凝望／远方潮润的眼睛，／在沉默中所说的话，／而它的语言又是／像我们的眼一样沉默。
> 开着吧，永远开着吧，／挂虑我们的小小的青色的花。

上述这首情诗，就是收入《望舒诗稿》的《见毋忘我花》，因为没有注明写作时间，被有些论者认为是诗人在法国期间的作品，前述王文斌在《戴望舒穆丽娟》一书里就如此表示：

> 望舒刚到巴黎，心头郁结的是对远在故国的爱人的眷恋之情。《见毋忘我花》和《微笑》两首小诗谱写了这一心曲。毋忘我花，小小青色的花，爱情之花，尽管在异国的阳光下、树林间沉默地开放着，却像飘动不熄的青色火苗，联系并温暖着诗人和远隔重洋恋人的心灵。它仿佛为了恋人的怀念，也是为了诗人的怀念而悒郁地开放着……（第76—77页）

其他论者在赏析这首诗时，和施绛年联系起来的也颇多：

"谦卑地,悒郁地开着。"这就是诗人戴望舒的爱情。这首诗是他留法期间对施绛年的缠绵的感情的最后抒写。他一直深爱着绛年,可是,他却没有真正得到过姑娘的爱。他的寂寞、忧郁的诗句,也是由此而发,从一个寂寞的地方起来的,迢遥的,寂寞的呜咽,又徐徐回到寂寞的地方,寂寞地。[1]

1935年9月26日的《晨报》副刊"晨曦"刊登有戴望舒的一首诗作,题目为《未定草》,除了标点和换行上的些微不同外,诗歌的内容和这首《见毋忘我花》并无二致,当然,《未定草》还有一个副标题:"寄Mll.eS",大小写掺杂,中间又有一个圆点,不知道究竟是原文如此,还是排版有误。但无论如何,通过这个副标题,可以证明此诗和施绛年无关了。据略通法文的朋友告诉我,可能是Mlle,或是法文Mademoiselle的缩写。

值得注意的是,当天的《晨报》的小型报《小晨报》第2版刊登有《文人的桃色故事》一文。文章里先说了戴望舒感情上的伤心事后,接着话锋一转:

> 可喜老天还不算没有眼睛。现在,被戴诗人的诚心所感动,终于又把另一个小姑娘赐给了他。我们希望戴诗人这一次却要好好地捧着她,莫又在紧要关头闹出什么岔子来。

---

1 李复威、刘勇选析:《雨巷——戴望舒诗歌赏析》,中国广播电视出版社,1991,第100页。

虽然文中并未点名，但显而易见，这"另一个小姑娘"就是穆丽娟。即便当时戴、穆之间的恋情还没有昭告天下，但对于公园坊的作家邻居们来说，肯定已经是公开的秘密了。如此这般，在这种节骨眼儿上，《晨报》副刊"晨曦"上发表戴望舒的新诗，不但不会和旧人施绛年有关，也不会与其他第三者相关，只能是穆丽娟了！

那么，"寄Mll.eS"的《未定草》，多半就是戴望舒写给穆丽娟的情诗了（收入《望舒诗稿》，诗题改名为《见毋忘我花》，大致可以推测是和穆丽娟热恋中的戴望舒希望两人永远相爱，毋相忘也）。遗憾的是，Mll.eS这个拼写，是不是有问题，是作者戴望舒出错，还是排版时失误，如今都无法判定，留下不解之谜。

听朋友说，百岁高龄的穆丽娟老人仍健在沪上，愿她健康长寿！

2018年5月14日—30日于南京

附：
戴望舒致穆丽娟情书

丽娟：

有些人是不擅长于表达自己的情感的，有些情感是深切到不能用语言文字来表达的。我便是前面这种人，我对于你便怀着这一类的情感。丽娟，我是深深地爱着你。我曾经几次想向你表示，可是结果还是没有这样做。就是现在写这封信的时候，我也不知道如何对你说才适当。我不愿意像别人那样地以浮滑的态度来向你表示，我不愿意如此做，而我的性格也使我不能这样做。现在还是让我的诚实的心来对你说话吧。

我最近在恋爱上的不幸之事（下划去八字）你是知道的。在几个月之前，我差不多陷于一种完全的忿恨和绝望之中。当时我觉得女子大半是（下删去二十三字）的。就在这时期中我认识了你，才知道我的意见不是完全对的。你的天真，你的爽直，你的忠厚的心地，都向我证明了你是一位与世俗女子不相同的人。这些美点，再加上了你年青和美丽，怎样会使我不深深地对于你起了爱慕之心呢？渐渐地，我整个的心都归属于你了。

我不知道我对于你的这种爱会得到怎样的一个结果。你会使我成为一个世界上最幸福的人呢，还是最不幸福的一个？我没有顾到整个问题，我所关怀的事只是如何使你幸福，使你快乐。

然而，在现在的情形之下，我却也不得不知道一点你的态度了。第一，我很想知道我对于你的爱是不是没有希望的。如果这只是我单方面的一个妄想，那么将来你一定会增加许多麻烦，而我又会到感（原文如此，疑似"感到"之误植——笔者注）一种永远不能解除的苦痛。第二是我家庭的问题。我的父母都希望我能早些结婚。最近（下删去九字），他们便更为我着急起来，天天写信来催逼我，要我在短期间对于我的婚事给他们一个切实的答复，否则他们便是代我解决了。你是知道的，现在我是多么地爱着你，就是一天不看见你我也会坐立不安，我如何能让我的家庭随便来处置这种问题呢？

你对我的态度到底是如何的呢？你大概不至于相信我对于你的爱会是不忠实不永久的吧；你大概不至于会相信我是一个浮滑的人，欺骗你的人吧；我的家庭的简单你大概也知道了吧。我在物质生活上没有什么问题你大概也是知道的吧。问题只是在这一点上，你对于我是否有一点情感。

本来在你（下删去廿六字）烦恼着的时候，我是不应该对你提出这些话的，但是，正如苏凤所说，你能否接受我的爱，也就是解决你一切烦恼的关键，同时，因为我衷心的不安和家庭的要求，所以我也就冒昧对你说起这种话了。请你给我一个回答吧。丽娟，我自己是一个诚恳爽直的人，我知道你也是一个性格和我差不多的人。但是，如果你以为还有可以考虑的地方，那么也请你告诉我你所考虑的是什么，我总会立刻圆满地答复你的。

这封信由赵小姐转交给你，你给我的回答也请由她转交给我。我很不安地等待着你的回答，正像一个囚犯在等待判决一样。

最后，我还向你说一遍，我爱你，我永远爱你。

望舒七月六日

后记：

拙文在《档案春秋》（2018年第12期）发表后，承"新文学甜点"公众号全文发布。金传胜博士读后表示：吴老师此文考证甚详，不过关于"寄Mll.eS"的《未定草》似还证据不足。如果Mlle是法文Mademoiselle的简称，那此诗就是写给S小姐的。如此，S小姐只能是施，不可能是穆。

传胜博士还说：我倾向于是MlleS（S小姐），多印了一个小点"."。

陈子善教授阅后指出：又读了一遍，确实这Mll.eS和MlleS较费解，不过，我较倾向于金传胜的提问，这S是施绛年的可能性较大。写此诗时，戴与施已解除婚约，而他也即将与穆订婚，那么写下此诗，与前一段恋情告别，希望施虽不能成为眷属，也互相毋相忘，那么，S字也解释得通。当然，这只是一种解读。

子善老师并补充说：确实，这时发表给S的诗，有点敏感。事过境迁，再收《望舒诗稿》时，就删去原题，换上新题，使诗意变得朦胧难索。

2022年11月

一事能狂便少年
——李白凤遭遇查良镛莽撞组合拳钩沉

诗人李白凤（1914—1978），是现代著名作家、书画家、篆刻家，曾任山西大学、河南大学教授。不过，我更看重他的身份是中国新诗史上的"现代诗派"代表诗人。当年，他曾在我父亲吴奔星主编的《小雅》、路易士主编的《诗志》和戴望舒主编的《新诗》上发表新诗作品。诗人纪弦（路易士1946年之后使用的笔名）后来表示"所谓'三十年代诗坛'，我想，即以此三大诗刊为代表亦无不可"。尽管身为"现代诗派"成员的李白凤未曾在上海的《现代》杂志上发表诗作，但他和主编《现代》的施蛰存关系亲密，施蛰存1992年在《新文学史料》第2期发表《怀念李白凤》一文，回忆两人长达四十余年的交往，以及1948年两人同在上海时的情况，赞誉李白凤的书法"国内写大篆的，今天恐怕还未见有人能超过他"。施蛰存先生晚年醉心于金石，他经常托李白凤在开封"收罗金石拓本"，而李白凤则托他在上海买书、借书，"相濡以沫，彼此都有些影响"。遗憾的是，李白凤去世后，他的女儿李蓉裳大姐有一次去上海，曾把施蛰存先生写给她父亲的百余封信函亲自送到施先生手上，但迄今未见公开发表或出版，也不知下落如何。

2021年4月底,我趁着新冠疫情减缓,去开封看望李蓉裳大姐,谈及前几年她赠送给我的三卷本《李白凤文集》(分新诗、小说和诗词),我说此书花了很多工夫,有开辟之功,当然,遗漏也在所难免,这几年来,我就已经发现不少没有选入文集的诗文。

比如,李白凤1946年发表在上海《东南日报》副刊"长春"的《沙孚情书外集》,就是很重要的一篇。现在通译萨福的希腊抒情女诗人沙孚,又称莎芙、莎茀,柏拉图称其为第十文艺女神,被近现代女性主义者和女同性恋者奉为始祖。余之在《第十诗神》[1]中介绍说:"我国从二十世纪初,就有学者介绍女诗人莎芙的生平和作品。周遐寿曾得到过一本英国出版的《莎芙诗集》,他很喜欢,便以古文形式写了一篇介绍文章,名为《希腊女诗人》。"这个周遐寿,就是因抗战期间"落水",而在1949年后很长一段时间不能在大陆发表文章用本名的周作人。根据止庵先生的说法,《希腊女诗人》最早发表在1915年的《禹域新闻》或《禹域日报》,但迄今未见实物,好在同名旧作1925年发表在《语丝》,得以保存下来。[2]

现代唯美主义诗人邵洵美,欧洲游学时迷恋上萨福,并模仿萨福体诗歌。1926年,他发表了一首题为《莎茀》的诗作:

你这从花床中醒来的香气,/也像那处女的明月般裸

---

1 余之:《中外诗话》,知识出版社,1983。
2 《异域文坛考》,载《相忘书》,百花文艺出版社,2017,第153—158页。

体——/我不见你包着火血的肌肤,/你却像玫瑰般开在我心里。[1]

李白凤发表《沙孚情书外集》,正好是抗战胜利一周年。这个时间节点,值得特别注意。抗战胜利后,全国人民由衷希望拥有一个和平环境来休养生息,医治战争创伤,重建幸福家园,但残酷的事实给人们迎头泼了冷水:内战再起,官员腐败,通货膨胀,民不聊生!1946年9月5日,《陪都晚报》第三版就出现《惨胜》这样的标题,文字很短,照录如下:

> 在打败日本以后,胜利是属于中国了。/但是,居然有人这样说:/"中国惨胜,日本惨败。"/说此痛心之话者,有心人也。

所谓文字越短,内容越多。作为一个"同遭困厄"的"新世纪诗人",李白凤就是这样的一位有心人。他在《沙孚情书外集》的"附记"里表示:

> 在二次大战中,沙孚庙为炮火所毁,使得她又各处流浪,魂魄无依,因而又想到她底爱人法昂;托余为作此书,

---

[1] 《邵洵美作品系列·诗歌卷 花一般的罪恶》,上海书店出版社,2012,第20页。

李白凤1938年摄于湖南宁乡
（李蓉裳女士提供）

1946年10月23日《东南日报》副刊《长春》刊载的查良镛《沙孚的情书——就正于李白凤君》一文

李白凤为臧克家、施蛰存篆刻的印章

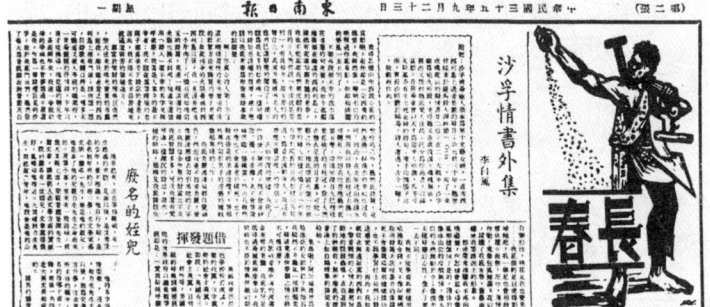

1946年9月23日《东南日报》副刊《长春》刊载的李白凤《沙孚情书外集》书影

以志哀愁。昔普希金曾以天才为当世人所忌,马牙可夫斯基亦有生比死更难的诗句;庾子山惆怅乎江南,贾长沙蜩螗于鹏鸟,诗人遭遇,古今一辙,故戏而作此。

在抗战胜利一周年之际,不但不欢欣鼓舞,歌功颂德,反而诉说"诗人遭遇,古今一辙",更借苏联诗人之口说出"生比死更难"的句子!尽管自称"戏作",但这哪里是代古希腊诗人写情书,分明是借他人酒杯来浇自己心中块垒!

再看看代拟情书中的句子,无论是"你难道不晓得这些的米是要用珍珠的计算方法来购买的么",还是"以诗歌来糊口将是一种多末可怜而又被人卑视的职业",一个"作为一世纪人类智慧极峰的诗人",要感叹"如珠似玉的诗篇,竟连一顿淡薄的稀米饭也换不到呢",此情此景,众多读者,多少人会认为是虚拟,多少人会认为是现实?(当然,李白凤次年3月10日发表在《东南日报》上的《暗夜》,就直白很多,直截了当地喊出"什么时候才会天亮呢?")

大体相同的一个时期,古典文学专家王季思曾以白描手法书写江北嫂《卖鸡蛋》的窘迫:

> 问伊"篮中蛋,哪得这么小?"/伊说"今年荒,四乡没寸草。/人饥鸡亦瘦,鸡瘦蛋亦小。/不见怀中儿,两手如

鸡爪！"[1]

未曾料想，李白凤春秋笔法的《沙孚情书外集》发表不足一个月，斜刺里就杀出一员名为查良镛的少侠来，呈上一篇名为《沙孚的情书——就正于李白凤君》的商榷文章。少侠先头倒是恭敬，唱个肥喏，说："如果先辈们能对青年读者的意见作善意的审视，如果他认为指正一些事实上的错误并不是一件失礼的事，我愿意提出几个问题。"

这少侠确实也是有备而来，且看他不慌不忙，有条不紊，在连载四次的文章中接二连三打出如下一套组合拳来：

一、沙孚只是流放时居住过西西里岛，时间并不长。她居住和收徒，主要都是在米第兰。

二、罗马作家渥维德所写拟情书为二十一封，并非文中所言二十二封，且写作时间并非公元前30年，因为那时渥维德还是个十三岁的孩子。

三、法昂并非英雄，而是一个貌美而卑鄙的人，有希腊谚语"在容貌上性格上你都是一个法昂"为证。

四、沙孚和法昂恋爱时已经五十五岁，有自知之明，且没有幻想，不会自称"青春"。

五、作者自以为是，以为诗人多半穷困，因而错误地把沙孚归入穷人行列，其实她不但不穷，而且是贵族兼富婆，她招收门

---

[1] 《东南日报》，1947年12月15日，第七版。

徒也不是为了糊口,而是和她们拥有一种奇特的感情。

六、作者描述沙孚美丽的句子,与事实不符,反成了滑稽的谎言。

七、有了前面问题的铺垫,后面的错误就变得"比较严重"了:阿尔栖阿斯未曾歌颂暴君,他是沙孚的革命同志、一度的追求者,终身保持良好友谊,其诗歌主题是酒、爱情与政治。

八、在指出的错误快要十个指头都数不下的时候,少侠的自信心开始有点膨胀了,虽然说是"一向对诗人怀着很尊敬的心情",但已经忍不住要直截了当地告诉对方:喂,你写诗,不能只知道诗神优脱泼,还要通晓一些历史知识,否则,就会闹笑话哦!这里"琐屑"的"几处小地方"包括:

1. "夸脱"和"磅"两个量名的运用,"洋则洋矣,古则未也"。不过,恕我愚钝,既然古希腊人写信不会用英国衡量,如同李陵答苏武也不会用"美金二十元"或"关金五十元",那么,"夸吐里"和"米乃"就是古希腊人使用的量名了吗?此外,"夸吐里"和"米乃"究竟是什么,我没有从字典、词典上查到,也未能从民国同时期作者的作品里看到同样的用法。希望对此了解的师友和读者赐教,以解区区困惑。[1]

2. 情书中的希腊人提及的是罗马神祇而非希腊神祇的名字,相当于孟子见梁惠王引证耶稣基督。

---

[1] 承上海祝淳翔兄赐告,"夸吐里"可能是cotyle(科提尔,古希腊容量和重量单位)的另一音译,"米乃"可能是"minae"(明那,米纳,古希腊重量单位)的另一音译。

3.巴比伦人和波西米亚人时空远隔,因此让沙孚说"巴比伦人慷慨地丢一枚硬币向他乞讨的波西米亚人",雷同于称齐国人或鲁国人扔一两银子给捷克人。

4.沙孚没有"桂冠诗人"的头衔,不只是她没有参加过此类活动,而且是此种活动晚于沙孚生活的时代,如此,拟情书中桂冠换不换面包云云,就是无源之水、无本之木。

5.拟情书中提及的几位哲学家分别后沙孚五百年和一百年左右,如果引用,以引用沙孚同时代的哲学家为佳。

九、质疑拟情书中沙孚颂赞日神的表述。这一点少侠极为自信而且自豪,因为沙孚的这些残句他"以前大概全部读过",如果沙孚真是颂赞过日神,除非李君"另有什么新发现"。

一套九个动作的组合拳打出之后,少侠查良镛开始"扫盲"——诸如国内还没有讨论沙孚的书,甚至连希腊罗马古典文学的参考书也少得可怜。拟写书信,是严肃的工作,虽然渥维德"珠玉在前",但也有缺憾存在。如此种种,都表现出查良镛对古代希腊和罗马文学的稔熟。接着,他又给"读者"开了书单,推荐收有"沙茀给法昂的信"等两信的茅盾所译的《回忆·书简·杂记》或生活书店所出版的《世界文库》,其中也译有沙孚致法昂的信。不过,他表示阅读《世界文库》的时候年龄尚小,已不记得译者是谁。阅读至此,我似乎穿越半个世纪,依稀看到少侠写作此文时嘴角绽露出的一丝笑容,不由想到《诗经》里的这个句子:"狂童之狂也且!"

很有意思的是，李白凤发表拟写沙孚情书时，不过三十二岁，但已经是有十多年创作经验、出版过著作的诗人、小说家和散文作家。李白凤毕业于北平民国学院国文系，应有英语阅读能力，但显然不以翻译见长，其翻译诗作，就我目力所及，目前仅见一首《小东西》[1]。他对沙孚的了解，多半还应该来自茅盾《世界文库》或《回忆书简杂记》中的介绍，当然也有可能读过周作人介绍沙孚的《希腊女诗人》，因为他在北平民国学院读书时，曾有向周请教的经历，周对其还很赏识[2]。

提出疑问的少侠查良镛，时年二十二岁。十八岁在高中参加双十节文艺会演时就自编自导英语话剧《月亮升起》。十九岁时计划把《诗经》翻译成英文。二十岁考入中央政治学校外文系。1944年底进入中央图书馆工作，阅读了大量书籍。1946年进入《东南日报》担任外勤记者兼英语电讯收译员，同年还报考浙江大学外国文学研究生，通过笔试，参加面试，惜因学费问题而放弃[3]。他在《沙孚的情书——就正于李白凤君》的开头，也自称前年春天期望二十岁生日前把罗塞蒂最著名的《圣洁的处女》翻译出来，作为"生涯上的一点纪念"，结果如期完成，极大喜悦。他在文章最后为读者开书单时，还推荐了自己认为"神似"或"美妙"的有关沙孚的英文和法文版本。如此看来，查良镛当时外语水平高于同侪，对古希腊古罗马文学也有所研究，

---

1 原作者卡耐，发表于《诗创造》1卷1辑，1947年。
2 见朱英诞《苦雨斋中》，《天地》1944年第11期，署名"朱杰西"。
3 均见慕津峰《金庸年谱简编》，《传记文学》2018年第8期。

是不争的事实。由于查良镛后来没有在外国文学研究领域继续耕耘，而是成为一代报人、一代武侠小说大师，《沙孚的情书——就正于李白凤君》一文，可以说是他个人在古希腊文学研究，在沙孚研究方面的最高成就。即便此文放诸20世纪40年代沙孚研究领域，甚至其后二三十年间，能够超出其水平者，恐怕也寥寥无几！

平心而论，查良镛《沙孚的情书——就正于李白凤先生》一文提出的九个主要问题点，从史实来说，大体都是妥帖的。估计这也是李白凤未曾对此回应的缘由。不过，李白凤所作所为，毕竟不是古希腊文学讲座，也不是历史论文写作。作为一个承担着养家糊口的诗人，苦闷于社会黑暗、前途不明，悲悯之心让他信笔而写，洋为中用，借洋讽今，天马行空，时空穿越，时空交错，即便出现类似"关公战秦琼"之细节，毕竟是文艺作品，又何足怪！当然，诗人的悲悯，是当时少年不知愁滋味、阅历未深的少侠查良镛，难以感知、难以理解的，这种缺乏同情之难以理解，也是能够让人理解的。

《沙孚的情书——就正于李白凤君》一文，既有查良镛对"前辈"足够尊重的表达，莽撞的组合拳也是点到即止，但多少能够看得出他在古希腊文学方面、沙孚其人其诗方面因涉猎深厚而自然而然流露出的自信和狂气。查良镛十七岁时在《东南日报》副刊发表署名"查理"的第一篇作品《一事能狂便少年》（1941年9月4日），"武断"地说出"要成就一件伟大的事业，带几分狂气是必需的"的句子。这分狂气，估计就是他成为一代报人、一代武侠小说大师的基础。

2022年10月改毕于南京

附：

整理说明：李白凤《沙孚情书外集》和查良镛《沙孚的情书——就正于李白凤君》，涉及民国时期一些翻译人名、地名和目前通译不同之处，包括疑似错字或误植，均以括号+作者按的方式标注。

沙孚情书外集

李白凤

附记：沙孚被希腊人崇奉为第十文艺女神，一直在西西利岛上过着美丽的时日；公元前三十年，她曾付彩笔于罗马诗人渥维德，成了一束玫瑰花似的拟情书廿二信。在二次大战中，沙孚庙为炮火所毁，使得她又各处流浪，魂魄无依，因而又想到她底爱人法昂；托余为作此书，以志哀愁。昔普希金曾以天才为当世人所讥，马牙可夫斯基[1]亦有生比死更难的诗句；廋子山惆怅乎江南，贾长沙蜩螗于鹏鸟，诗人遭遇，古今一辙，故戏而作此。

---

[1] 马牙可夫斯基，通译马雅科夫斯基。——作者注

我得怎样向你诉说心底的哀愁哟，而你却是一朵西飞的流云，我虽然像一湾明水似的映照过你底身影，你却和排闼的春风一去不回了。

不要再说那不幸的流水落花轻薄的初夜吧，我如今孤独地徘徊在幽谧的西西利岛上。虽然有花环点缀美艳的青春，我也不能忘却我们那沉醉的昔日的。人们都说"生活就是苦刑"，而我和你，却在苦刑的舞台上表演，这英雄与美人的悲剧已达厌倦的阶段了；总不该为我太多的如珍珠一样明耀的诗句而夸耀于朋侪，总不应该以我底青春为你做英雄事业的点缀罢！

啊！你负心的人哟！你难道不晓得这些米是要用珍珠的计算方法来购买的么？老实说：自从战争的火焰蔓延到西西利岛以后，我一直没有吃过一小片肉了；可怜我底如珠似玉的诗篇，竟连一顿淡薄的稀米饭也换不到吧！难道你还想用"诗人"这不幸的名字来称呼我么？我真是人群中的最不幸者：我不该从那个瞎眼的老头子那里承受下诗歌的遗产，因此我不得不含辛茹苦地来度过这穷苦的艰难岁月。

那富于聚财的雅典巨商们，整天往来于珠光宝气的市廛，而我，却只能在贫乏的西西利岛上招收门徒；请你想一想，以诗歌来糊口将是一种多末可怜而又被人卑视的职业啊，一首希腊体的抒情诗，半年以后才能换得一块干瘪的面包皮，甚而两年来，我连一夸脱奶油的幸福也不曾梦想过。这还是我，作为一个诗坛巨星的沙孚，至于我底门徒们，她们除了每天为着饥饿而对着蓝天白云吟唱以外，她们底诗篇竟然连换一杯清水的幸福也没有呢！因此，在去年就向我请求，想用我这诗人底桂冠去换一磅面包；你想我能答应她们的要求吗？这顶年深日久已经枝叶干枯了的月桂冠，除了人们在丰衣足食的日子里，可能一顾之外，它底价值也像一位被弃的妇人那样可怜了。（前年有个剧场里的丑角曾经向我买过，为着去讽刺世人，我没有答应出卖这唯一的伴侣。）

正如你说的那样：我除了作诗便一无所长。既不会在神殿前摆一爿香摊，更不会替贵妇们织一袭纤裳；然而我虽然什么也不会甚至于饿死，也不愿在昏黄的羊脂油灯下，替那些专门勾引男子的淫亵的娇娃做那卑贱的工作。

我底美丽连海伦都自觉逊色，然而我并不因着美丽，便像丽达那样去勾引万能的主宰。我自信全世界的财富也不及我底智慧多多，何况我还有爱琴海一样深沉的诗思，湖水一样的明眸，杨柳见我底腰肢也自惭形污，桃花见我也觉失色……我底流盼足以使得彭贝城倾圮，我一举足也会招致白云依履。而你，而你，薄情的你哟！竟像狂风扫荡落花似的，蹂躏了我底青春，像暴雨一样使我委诸泥土的形象。

即使柴米油盐我不再向你噜苏罢，你怎样会忍心得像寒风那样无情？是的，薄幸的你像冰山似的冷酷无情，像大山似的木然无动于衷，像流水那么随时变换心性，像燕子那样一去不回……

我既不能学荷马那样用弹唱换取金钱，又不像阿尔栖阿斯用诗篇去歌颂暴君的伟绩；更不会像魏琪尔那样矫揉感情，也不愿学贺拉士徒然以诗句迷惑爱者……因此，我如今只能在无边寂寞的西西利岛上，带着战栗的心情去听那惊天动地的战鼓轰鸣，在我这倒塌了的神庙前，无所荫庇的眺望着海上如白鸥猬集的强梁者的船舶。

里昂哟！阿加绵农曾为着特洛亚的女郎兴起十万雄兵，我纵然不及她的一根头发美丽，难道竟连你眷顾之情也终于不可获得吗？

我歌唱着地中海的波涛，金芙蓉的美艳，我底乳房足以抵得过希腊底两座圣山，我底明眸也不亚于雅典清澈的湖水，我底心地始终如月光的皎洁无尘，我底身体也足以比拟午夜沉静的天宇……而我前次托致书人渥维德带给你的第十五封信，直到如今都没有回音，因此，我不得不再托一位与我同遭困厄的新世纪诗人，带给你这一封寄托幽思的尺素了。

我站在葱翠的群山中，大声狂喊，群山还会给我同样的回答，我站在海滨的岩石上低声吟哦，海水还会给我无穷的慰藉……而你却像荒漠一样没有回响。我纵然在双胁下插上飞向太阳的翅膀，也飞不出你为我建筑的迷宫，我底心灵迷失在爱河里，如一迷失在远洋中的船舶。你像精于计算的巴比伦人，在你底铺子里，专门收买珍珠和红宝石的女人底心，而我在你底眼睛里，简直是袋中众多金币之一枚——你可以任意处置它，甚而慷慨地丢给一个向你乞讨的波西米亚人。

我将在寂寞的西西利岛上再行幽居独处，忍耐着穷困与饥寒度过这艰难的岁月；对于那些不值一顾的如苍蝇飞鸣的世人的毁誉我将充而不闻，我只希望获得你那如周比特的纶音。

我将关闭自己底心,如一无人打扫的荒芜的园,愿在这封闭的园中将我们底情爱结成无花果的果实;我将用人类最美妙的诗来颂赞你,一如往昔在圣山中颂赞日神。你底头如一块无瑕的美玉,你底胸如一片多花的草原;你有阿波罗善于奔跑的腿,在河边你追上了僻纳斯[1]的女儿达芬[2],使她变成了桂树。你身上有安息香的清芬,太阳耀目的光焰,我如黑暗之期待黎明,春花之期待朝阳。苏格拉底的智慧将因你底而减色,正像星辰之于月亮;优里匹德斯简直不能和你比并,就是沙福克里斯底聪明在你也算不了什么——你比世间所有的圣哲都懂得事物的变化,然而你却好像并不懂得一个女人期待时的心情。

我知道你是讨厌一切繁琐的絮语的,所以我一向不敢告诉你生活的苦况,然而在物价高涨的如一永不退的潮汐的今日,我已如一失去了阳光和水分的萎谢的秋花。

而你,从不肯谛听一个女人的低诉哟,你听惯了阿谀的虚构事实的诗篇,对于我这样一个作为一世纪人类智慧极峰的诗人,竟然不向你谈缪斯而谈苦痛的生活,将会怎样加以轻薄的评语呀……

(以下散佚,正如沙孚最美丽的诗篇一样。)

载《东南日报》副刊《长春》1946年9月23日

---

[1] 僻纳斯,河神,通译珀纽斯。——作者注
[2] 达芬,通译达芙妮。——作者注

沙孚的情书
就正于李白凤君

查良镛

前年春天,怀着愉快的心情抄了罗塞蒂诗选的译稿。好几天来埋头工作,因为罗塞蒂那首最著名的《圣洁的处女》是在十九岁写的,希望能在自己二十岁生日前完成这译稿,作为生涯上的一点纪念;现在能如期完成,在我是一个极大的喜悦。抄好后就拿去给苾看。她是我小小的女友,一个爱糖果爱故事的小孩子,我在重庆时每一篇作品都会由她批述"超、优、中、可、劣"的小学生们底详语[1]。她从不觉得这批等第是一件可笑的事,我也从没有因了她是小孩子,而在得到"优"时不感到快乐,或是,得到"劣"时不感到沮丧。她认真地从头至尾看下去,不懂的地方随时问我。最后,她拿起蜡笔在沙孚[2]那首小诗(罗塞蒂转译的)上写了个红红的"超"。这很出于我的意料,在我想来,她不会理解那些过于抽象的生命之屋中的十四行,或是溪流的秘密等诗;她所喜爱的不是富于中世纪神秘气氛的海伦姊妹,尚是最后的忏悔。但她坚决地选中了这首只有三行的诗:

> 像那甜甜的苹果,它红在树枝的顶上,在树枝最高的尖顶,所以采集人忽略了,不,没有忽略,只是采不着,因为

---

[1] 原文作"详语",疑似误植,应为"评语"。——作者注
[2] 沙孚,通译萨福。——作者注

到现在为止，还没有人能得到。

这是象征一位少女的。或许是沙孚自有她虽经两度翻译而仍不能掩没的真美，或许是小孩子对那红红的苹果发生了兴趣，芯总是最喜爱这首。从此每看到沙孚这名字，眼前总浮动着那个拙劣的"超"字，心中感到了真纯友谊的温情。看到了李白凤先生底沙孚情书外集时，心中也一度这样感到了的。

我很喜爱有这种辞藻华瞻的文字替沙孚增光，只是那信中把沙孚降到了那样寒酸的地步，我却极不同意。如果先辈们能对青年读者的意见作善意的审视，如果他认为指正一些事实上的错误并不是一件失礼的事，我愿意提出几个问题。

李君在附记中第一句就是"沙孚被希腊人崇奉为第十文艺女神，一直在西西利岛上过着美丽的时日"。纵然上古的历史有许多全凭猜测，但沙孚的生地从来没有引起过大争执。她生在希腊利斯布[1]的艾勒沙斯，当地的钱币上铸有她的像，她无疑的是那地方的骄傲。柏拉图一首诗中说："有人说有九个缪斯，但他们说的太鲁莽，因为看啊，因为还有利斯布的沙孚，她是第十个。"英国大诗人斯温朋也有一首崇仰她的诗：

"啊，那歌唱，啊，那欢乐，那热情！所有的爱神们哭泣，静听，悲伤和不安，那九个荣耀的缪斯站在阿波罗旁

---

[1] 利斯布，Lesbos，通译莱斯博斯。——作者注

> 边，她们感到恐惧了，
>
> 　　当那第十个唱着她们所不懂得神异的歌时，
>
> 　　啊，那第十个，这利斯布人！那九个无声了，
>
> 　　无人能听到她的歌声而不哭泣。"

李君文中接连再三地提到她在西西里岛居住，不知是何根据。沙孚西西里是去过的，即因反对独裁者毕达哥斯[1]而遭放逐去的。西西里的首府叙拉古有一座她的石像，上面刻着"在雅典早期克立梯斯执政及加摩里统治叙拉古时，沙孚因第二次放逐而从米第兰[2]到西西里"。时间大概可以确定为公元前五九一年，即沙孚二十岁时。五年后即前五八六年，即被赦回米梯兰[3]，此后她永未去过。与她五十余岁的年龄相比，西西里的生活只是一个极短的时期。

她自杀的处所是留加斯岛的留加第悬崖，尸体后来在海中找到，火化后运到米第兰安葬。希腊诗选中至少有三首关于沙孚的墓志铭，证明她的坟墓在利斯布。

沙孚六岁时，她父亲在与雅典战争时阵亡，她家迁到米兰[4]（也是利斯的一城），此后即永在米第兰居住，所以也有人称她为米第兰人的，但决无人称她为西西里人。亚里士多德曾说："米第兰的人民尊敬沙孚，虽然她是一个女人。"

1　毕达哥斯，通译庇塔库斯。——作者注

2　米第兰，通译米蒂利尼。——作者注

3　应为米第兰。——作者注

4　原文作"米兰"，结合上下文，或应为"米第兰"。——作者注

李君第二句说:"公元前三十年,她曾付彩笔于罗马诗人渥维德[1],成了一束玫瑰花似的拟情书廿二信。"按渥维德生于公元前四十三年,拟情书虽然是他的早期作品,但绝不至于早到公元前三十年,因为那时渥维德还是一个十三岁的小孩子。他写作这书的正确日期已无法查考,大致是在他写《爱经(Amores)》第一集和第二集之间。不过有一点可以证明绝非是在公元前三十年。因为内中有一信的女主角是传说中迦太基城的建立者蒂多,她是雪确斯的妻子,这信题材取自罗马诗人魏琪尔[2]的大作《爱伊涅特[3]》。但魏琪尔写《爱伊涅特》,是在公元前三十年至前十九年,到死还没有完成,是死后由他的朋友代为发表的。

渥维德无在公元前三十年见到《爱伊涅特》的可能。即使魏琪尔诵读这史诗的一部分给奥格斯特听时,也已迟至公元前二十三年。历史上记载渥维德虽见过魏琪尔,但并不和他相识,当然不能预知他书中的内容,至于所谓拟情书二十二信,虽然我读渥维德的 *Heroidum Epistulae*[4] 已经很久,手边又没有原书可以查阅,但算来算去似乎只有二十一封信,并且最后的六信,即巴利斯和海伦,林特和海罗,阿康的斯和雪迪泼三封互相酬答的情书,有许多批评家都认为是后人伪造的。

李君在他所代拟的情书开端就说到"总不应该以我底青春

---

1 渥维德,通译奥维德。——作者注
2 魏琪尔,通译维吉尔。——作者注
3 爱伊涅特,通译埃涅阿斯纪。——作者注
4 即 *Epistulae Heroidum*,通译《女杰书简》,共21封诗体书信。——作者注

为你做英雄事业的点缀罢"。后来又埋怨他"竟像狂风扫荡落花似的,蹂躏了我底青春……"要知道法昂丝毫也不是一个英雄,只是一个极平凡的摇摆渡船者。塞维思提及柏拉图(雅典的喜剧家,不是那个哲学家)的剧本法昂时会说"法昂是一个受雇而来往于利斯本及本土(指小亚细亚)之间的摆渡人"。派利法吐斯也说"法昂靠着一只船与海洋过活,他每天在海洋中摆渡"。以性格而论,法昂是一个可鄙的人,毫无李君所幻想的"在苦刑的舞台上表演英雄与美人的悲剧"的气概。大剧作家米南达谈到沙孚在留加第崖投海时说"在那里沙孚因爱了那卑鄙的法昂而发狂了,她第一个从那远处望得见的崖上跳下来"。现在希腊还流行着一句谚语"在容貌上性格上你都是一个法昂",意思是指一个貌美而卑鄙的人,于中国"以貌取人,失之子都[1]"的话有些相似。

至于沙孚和法昂恋爱的时候,大概是在公元前五五七年,沙孚大约是五十五岁,即便那一个天真的女人不会在五十多岁时自称青春什么什么的。她在与法昂恋爱之前已曾拒绝过男人的求婚,她有自知之明,对于自己没有幻想,她用诗体的书信回答他:

> 如果我的乳房仍旧能给小儿吸乳,如果我的肚子还能够怀孕,那么我就不会用战栗的脚走近另一张婚床,但现在年龄已在我皮肤上刻了无数皱纹,爱神已不再连同他痛苦的礼物快快地跑向我了。……

---

1 子都为春秋郑国武艺高超的美男子。此处应为孔子看走眼的学生子羽。——作者注

另一封信说：

……如果你爱我，去选择一个更为年轻的终身伴侣，因为我不能忍受嫁给一个青年男子。我是太老了。

她与法昂之间的悲剧主要是年龄的关系。五十岁左右的年纪，是女人们最悲剧意味的时期，那时美丽是消失了，热情却没有失去。

以下李君的想象又引他入了错误，大约他以为诗人大多都是穷的，沙孚是诗人，所以夸张地不遗余力地强调着她的贫穷。又因为她有门徒，所以想象她招收门徒是为糊口，而说这是一种多么可怜而又被人卑视的职业。其实完全相反，沙孚是个极富的女人，她丈夫堪可拉斯是安特罗斯岛[1]的大富商。她年纪很轻就做了寡妇，丈夫的财产全归她继承。她在恋爱她女门徒龚吉拉[2]时曾写："凭着那圣灵的神起誓，我已不再挂意我是非常富有资财，一种要死的渴望占据了我。"她招收门徒既不是在西西里（是在米第兰）更不是为糊口。沙孚是贵族，既有财富又有诗才，所以有一群女孩儿聚集在她家里，她们大都也是贵族，绝不是穷得连清水也喝不起的人。沙孚称那些女孩子们为她底Hetaerae。这名

---

1 安特罗斯岛，通译安德罗斯岛。——作者注
2 龚吉拉，通译贡吉拉。——作者注

称后来希腊用以表示那些有训练教养的高等妓女,但那时却没有这个意义,可以译之为亲密的伴侣或心腹朋友,这词中含有一种亲昵的感情。她并不是她们的教师,只是她们的密友,她与她们在一起享用她精美的饮食与广大的庭园,一起赋诗唱歌,弹琴跳舞。有许多美丽的少女引起她的恋情,据现在所知,至少有十二位女郎(现在知道名字的)曾和她发生同性恋爱。从她写给她"门徒"阿迪斯的几首诗中,可以清楚地表示她的富有与她与门徒之间的关系。

有一首的背景大约是这样:沙孚带了她的女儿克利丝与几个女孩到她一个别墅中避暑。到了秋天,她的女伴们厌倦了这隐居生活而想回到米第兰去,但沙孚不想回去,最后她答应她们在早餐后回家,但已很迟了,她还睡在床上;阿迪丝不可忍耐地想走,写一封信叫仆人拿去,后来沙孚将这篇改成了诗体。

> 沙孚,我发誓我不再爱你了!啊!为我们起来,将你可爱的精力从床上解放出来,像一朵纯洁的百合花在池边,脱了睡衣在水中洗个浴。克利丝会从你箱子中拿一件番红花色的上衣,紫色的衣服及外套,你要穿了这些,头上戴一个花冠,这样你来,甜蜜地带着可爱,那使得我发狂的可爱。波莱雪诺会替我烤栗子,其他的女孩们就可有一顿丰盛的早餐。因为有一位神已赐顾我们,就是这一天,沙孚,女人中最最甜蜜的,已答允了的,像一个母亲对于她底孩子们一样,她要带我们回到米第兰,那一切城市中最最可爱的。

还有许多最美的最热情的小诗写给这阿迪丝,这里不再引述。在阿迪丝被迫离开沙孚时,曾解释自己,沙孚把她的话写成了诗。

……离开我时,她歔欷饮泣,她说"唉!!!我们也受苦了这么多!沙孚,我发誓,我离开你不是我的本意"。我回答"走那使你自己幸福的路程,但记着我,因为你知道我是如何地爱你。或者,如果你没有记得,让我告诉你所忘记的——我们以往一起过的生活是如何地愉悦和美丽:你常常在我旁边,用混合了许多堇花和玫瑰的花冠装饰你底长发,用一百朵花儿结成的项圈点缀你柔嫩的头颈。倚在我的怀里,你用各种珍异高贵的奇香熏你美丽年青的身体。躺在奢侈的床上,你从我文雅的女仆手中,得到那最最挑剔的伊洪人(伊洪人以奢侈出名)所希望的东西。没有一座小山,没有一丛神圣的林子,没有一条溪流不是我们曾经一起去玩过的。我们一起到那充满了黄鹂合唱的树林……"

她大部分的诗歌都是描写那种奇特的爱情,以致被早期教会认为是对公共道德的威胁而焚去。

以下李君说到沙孚如何如何美,这些辞句与比喻的本身的确是非常美丽,可是不幸的很,沙孚竟一点也不美。以致这些美句全变成了滑稽的谎言,因为我们知道沙孚自己绝不会这样夸张。她自己写:"如果自然拒绝给我美丽,我就用脑子来平衡我的容貌……我的确是纤小,但我的名声将要充满这世界。"像一只夜莺，她小巧的身体披着平凡的羽毛，不论以当时希腊的审美标准，或是现代的眼光衡量，她是过于黝黑，过于纤小。斯温丽[1]说："那纤小黝黑的利斯布的可爱者保持着永恒的火。"据我所知，古今称沙孚美丽的只有两人，一个是苏格拉底，一个是四世纪的罗马皇帝朱利昂，在写给他朋友英博利克斯的信中有一段引述沙孚的话，说"如那美丽的沙孚所说"。但他们所说的美丽都是指她的智慧和诗才而言。铁尔的马克雪墨斯说："美丽的沙孚，因为苏格拉底愉快的这样称她为了她抒情诗的美丽，虽然她自己是纤小而黝黑的。"

在另外一句比喻中，李君似乎犯了一个比较严重的错误。他说"又不像阿尔栖阿斯用诗篇去歌颂暴君的伟绩"。阿尔栖阿斯与沙孚同时，曾实际参加与雅典争夺雪格姆地方的战争，他诗歌的主题是酒、爱情与政治，而政治诗中全是攻击当局和对独裁者的嘲笑。在米第兰为受毕达格斯[2]支持的密雪拉斯统治时，他与沙孚等贵族曾阴谋反抗独裁政治，因而遭两次放逐，第一次到利斯布中部的辟哈，第二次就到西西里。他既是沙孚的革命同志，一度又是她的爱慕者，因为他曾写过一首极著名的小诗给沙孚：
"有着堇色头发和天真微笑的甜蜜的沙孚，我想对你说一些话，但羞耻阻止了我。"沙孚即回了他一首，这诗似乎是她的处女作："如果你要说的是正当而优美，如果你的舌头不预备讲什么

1　"丽"疑似"朋"之误植。——作者注
2　前作"毕达哥斯"。——作者注

丑恶的话，羞耻不会统治你，你会说出来的。"这两首诗在希腊文中极为优美，在后来极著名而常被引用。他们两人到老都保持着良好的友谊，沙孚自杀后，他写过一首悼诗，可惜是残存得只有这几句："……不幸……我，一个可怜的女人，一切的哀伤我都有分……房屋……不幸的命运……羞耻……无可避免的生命底衰微近在眼前了。在那惊恐的胸中迸出了疯狂……毁灭……那寒冷的海波……"我们当然没有理由相信沙孚会无缘无故地侮蔑她的朋友。

其他还有几处小地方没有留意，虽然很琐屑，但我觉得为历史上的人物代拟书信，有些历史事实的忽略会造成可笑的结果。李君称为"新世纪的诗人"，我一向对诗人怀着很尊敬的心情，然而在九位文艺女神中，固然有司诗歌的尤脱泼[1]，但也有司历史的克里奥。

李君写着沙孚企望有一夸脱奶油和一磅面包，"夸脱"和"磅"这两个量名，洋则洋矣，古则未也。这有些像拟李陵答苏武时用了"美金二十元""关金五十元"的字眼。正确的说法应该是"四夸吐里（大约是一点九二品脱，即约等于一夸脱）奶油及一米乃（∩va约为一点三九磅）面包。古希腊人写信不会用英国衡量的。

沙孚的信中说"周比特[2]的纶音"，我们知道周比特是罗马的神祇，希腊人只是说"宙斯"，正如罗马神话中的维纳斯、朱

---

1 尤脱泼，Euterpe，通译欧忒耳佩。——作者注
2 周比特，通译朱庇特。——作者注

诺、麦考莱、德亚娜斯[1]等,虽和希腊的爱弗罗达脱、希拉[2]、汉米斯,阿脱密斯[3]诸神同,但希腊人总不可能谈到罗马的神祇,正如孟子见梁惠王不会引证耶稣基督一样。

沙孚那时大概不会知道巴比伦人。巴比伦人与波西米亚人在时间与空间上的远隔,使得"巴比伦人慷慨地丢一枚金币给向他乞讨的波西米亚人"这比喻,大有"一个鲁国人或齐国人投一两银子给一个捷克人"的意味。

李君说到沙孚的桂冠,她珍惜地不肯去掉一磅面包。沙孚没有参加过任何希腊节日的竞争,也没有国王给她过什么"桂冠诗人"的名头。至雅典那种戏剧诗人竞赛而奖给优胜者以桂冠的事儿,要后至辟雪斯屈来托斯执政时代。

李君提到魏琪尔、贺拉士[4]、优里比提斯、沙福克里斯和苏格拉底。前两人约在沙孚后五百年,后者也在她约一百年之后,虽然是现在写的文字,但为真像沙孚写的起见,诗人以引用在她之前的海雪特,萨摩斯的西摩提斯,阿立翁诸人,哲学家以引用大约与她同时的沙隆、泰尔斯[5],诸人为是吧。当然,如果作者一定要坚持,我们也不反对。

李君使沙孚说"我将用人类最美妙的诗来颂赞你,一如往昔

---

1 麦考莱,通译墨丘利;德亚娜斯,通译狄安娜。——作者注
2 爱弗罗达脱,通译阿佛洛狄忒;希拉,通译赫拉。——作者注
3 汉米斯,通译赫尔墨斯;阿脱密斯,通译阿尔忒弥斯。——作者注
4 贺拉士,通译贺拉斯。——作者注
5 沙隆,通译梭伦;泰尔斯,通译泰勒斯。——作者注

在盛山中颂赞日神"。对这句话我很觉怀疑。因为沙孚的诗集本来有九本，第一册共有一三二〇行，以一种纸草的形式传下来，所以总数大概有一万两千行。但现在只剩下来六百行或是断片，大部分是近代格兰反尔与享脱在埃及奥克雪伦斯的格莱可的坟中掘来的（其余是在古代作家的作品中因引证而偶然保存）。那时期的棺材是用纸片、树脂和胶水做成，有许多古代的书籍和信件使用着，如此地发现了许多沙孚的残诗。这些沙孚的残句我以前大概全部读过，记得并没有颂赞日神的诗句，除非李君另有什么新发现。

只有希墨立斯谈到他一首诗中提起过阿波罗。沙孚诗歌的主题是爱情，这位日神她不见得有多大兴趣。她颂扬的最多的是爱神阿弗罗达脱。她现在唯一完整的长诗即是向爱神祈求的。

我觉得国内能多出现些这种比较有价值，比较严肃的文字，是一件可喜的事。国内还没有一本讨论沙孚的书，甚至连有关希腊罗马古典文学的参考书也少得可怜，所以略有错误，并无足怪。只是有了渥维德这种珠玉在前的书信之后，别人再行拟写实在是一件严肃的工作。如果不是有相当修养，便得有认真的准备。即使渥维德也有他的缺点。他描写那些被遗弃的（地亚尼拉、菲立斯、米地亚、阿里达纳、奥伊侬、蒂多），为人忽视的（勃立丝），被可恨的婚姻束缚着的（海米奥纳），因爱情而受惩罚的（海泼耐斯曲拉、凯奈斯），因不正当的热情而牺牲的（菲拉特），或是焦虑着她们丈夫底安全的（潘纳洛泼、陆达米亚）女性们，与她们的个性确有生动神似的叙述，事实和环境也完全和本来的传说相合（除沙孚外，其他都是传说人物），但信中表示的情绪与道德观念，却不是英雄时代，而是他当时罗马时代的。

读者愿意参考，茅盾先生的《书简回忆杂记》[1]中译有他两信（沙孚致法昂，海伦复巴里斯）。生活《世界文库》中似乎也译有沙孚致法昂的信，因为我看到那文时年纪还小，已记不起是谁译的了[2]。原书Heroidum Epistulae（或作Heroides，意为女英雄们的信）似乎没有英文的全译本。沙孚致法昂的信我见过Alexander Pope的译文，也是诗歌体的很神似。至于沙孚的诗歌散见各处，没有整集，我觉得C.R.Haines的Sappho-The poems and Fragments（在Broadway Translation Series中）译文最好，但也不完全，有些残句及最新发现的诗没有包括在内。法文的则J.M.F Bascoul在Lachaste Sappho de Lesdos有美妙的译文。

连载于《东南日报》副刊《长春》

1946年10月23、24、25、26日，前两日署名"查良镛"

后两日署名"查镛良"

1　应为《回忆·书简·杂记》。——作者注
2　应为《世界文库》收录的茅盾翻译的《拟情书》。——作者注

大战勃发，我辈将不能生存
——郁达夫遗札两封释读

书信体文字附有郁达夫手书两封

有位老朋友，戏谑我费老大劲钩沉文学史料，写出的文章多半不是大众耳熟能详的作家，让我打起点精神，找找名流大家的佚文逸事，不但嘉惠学林，一般读者也爱看。话虽如此，大名头作家的研究者众多，时间跨度也长了，要有新的发现，谈何容易？！不料，这话说出没过多久，还真找出一个让他击节不已的发现来！

这一发现，就是湮没在民国故纸堆里的郁达夫的两封佚函：无论是1996年四川文艺出版社出版的《千秋饮恨郁达夫年谱长编》、2007年浙江大学出版社出版的十二卷《郁达夫全集》，还是2017年海豚出版社出版的《郁达夫全集补》，都没有看到这两封信函的踪影。

在1946年上海《和平日报》上，有一篇署名"贞淮"的《由郁达夫先生遗札所想起的》文章。这篇书信体文章不长，照录如下——

> 某某弟，（前略），达夫先生之死，余虽未睹其遗容，然其生前之音容笑貌，每一回思，余痛弥深，一代才人，阒然而逝，如此寂寞，岂夕阳衰草所可概耶。余仅于今春在南

昌时，偶于某杂志中获读赵景深先生悼文一篇，余颇惊怪，何世人对郁公淡寞若是耶？郁公一生贫困，贫而至于不能赡养妻子；忆余初婚时，郁公屡函勖余努力工作，以尽仰事俯蓄之责；孰意才名塞天之郁公，终其身而不显达，能不为之一哭。况郁公之死，在于异邦，死于敌寇之手，节义凛然，国人对之竟毫无表示，而郁公埋骨之处，半年后始于苏门答腊发现。郁公死时之悲戚，死状之惨澹，又岂吾人今日所堪想象者。以太白少陵微之乐天放翁诸先辈之身世概郁公，良非过誉。日前整理旧时书牍，得郁公遗札两封，亦因寇氛滋扰，迁徙无常，散失颇多，然当时并未料及乱离一别，竟成永诀，而于郁公之书札，未能善加珍藏，深为余憾。兹并寄吾弟，如沪上文化先进其有为郁公编辑遗稿者附刊其列以志不忘。亦以聊示个人对郁公一片哀惋之忱。余心中有无限言语，然忉怛不能置一词。明年如重游富春江上，当往严陵凭吊。

和平日报，将近半月不曾寄达，未审系报社停发，抑邮局有误，仍祈设法续寄。如有其它刊物，亦盼选寄一二，以启聋聩，余候后叙，专此，即颂撰安。

贞淮十月七日

从信的最后一段看，很显然，是作者投寄给上海《和平日报》某位编辑的。据《上海新闻志》[1]介绍，《和平日报》上海

---

1 《上海新闻志》编纂委员会编，上海社会科学院出版社，2000。

版,1946年元旦创刊,是国民党军队系统的报纸,其前身系国民党军方控制的《扫荡报》。作家刘以鬯、马汉岳(即马彬,有笔名马兵、南宫博等)、凤子、易君左、徐淦等,都先后在《和平日报》(上海版)工作。遗憾的是,信札发表后隐略了收信人的名字,只有一个"弟"字,显示其为男性,但其姓甚名谁及真实身份,时隔七十余年,目前囿于所掌握材料,难以推断。

至于文章作者"贞淮",是一个相当陌生的名字,此前从未听说过。坊间不下十本《郁达夫传》,也都没有提及他。因此,刚开始看到"贞淮"在信中称"整理旧时书牍,得郁公遗札两封",而实际上"郁公"给他的书札尚有不少,因为"迁徙""乱离"以及"未能善加珍藏",已"散失颇多",加以他把郁达夫书札寄给编辑的目的是希望"沪上文化先进其有为郁公编辑遗稿者附刊其列以志不忘",颇以为此人和郁达夫不过泛泛之交,如此这般说来,抬高自己罢了。不过,此文以插图形式附录了郁达夫两封遗札,当即费了一番功夫加以释读,此时,我对作者和郁达夫关系的看法有了很大改观。

乞裁书之剑:郁达夫钟爱毛边书?

贞淮兄,书到久不覆,因在赶写一篇小说也。大约三两日后,小说可以脱稿,今天偷闲写此信。

龙泉山水很好,青田石门,丽水仙都,都是名胜地界,谅兄已游过,我则因地方不靖,前此过境,不曾游得者。承赐钢剑,当乞一柄小小的剑形匕首,可以裁书,可以做小摆设,以之插入司梯克,未免太俗矣。若需刻字,可刻上一句成语,曰"剑不虚施细碎仇"。

令堂大人及夫人,想均安好,又有半月余不见了,他日去湖滨,当去看看他们。

你于何日回杭,我们当再请你们夫妇过来吃便饭。秋气满天地,今年年岁丰收,入冬匪必能减少,若能早日回杭,尚能去西溪看芦花也。

此信不至能否送达,若信到而你人未行,乞赐一覆。匆告,并颂旅绥。

弟　郁达夫上

十月一日

先看贞淮文中排列在先、落款为10月1日的郁达夫信函。从"你于何日回杭,我们当再请你们夫妇过来吃便饭"看,此信显然是在杭州所写,而对方应是离杭外出(龙泉等地)。而"再请"二字,则说明郁达夫和贞淮之间走动颇多,关系密切。后面说如果去"湖滨"(当是贞淮住所所在)会去看对方的母亲和夫人,更是明证。

贞淮去了龙泉等地旅行,大概是写信给郁达夫,要送他一把当地特产的龙泉宝剑。郁达夫表示笑纳,但他对于当时十分流行的手杖剑(插入司梯克)认为"太俗",肯定也是形状较大,想要的是"一柄小小的剑形匕首",目的是"可以裁书"。这里"裁书",自然是裁毛边书了。所谓毛边书,鲁迅先生曾有一个解释:"三面任其本然,不施切削",并自诩"毛边党",郁达夫也是民国众多"毛边党"的一员,他出了不少书,都是毛边本,据说北新书局所出的七本《达夫全集》也是毛边本。不过,就我目力所及,郁达夫本人谈及毛边书,要剑形匕首以便裁书,此信还是唯一!

"贞淮"在文中没有说明两封郁达夫信函的写作年代,只能根据信函内容和落款的时间,抽丝剥茧,尽量去推断出写信的时间。由于贞淮文中排列在后、落款为3月15日的郁达夫信函写于"应陈主席之招"去福建,很容易确定是写于1936年,那么10月1日的信函写于杭州,时间自然是在1936年之前。

那么,这个10月1日,究竟是1935年,还是更早的1934年?其实,从信的第一句,就有交代:"书到久不覆,因在赶写一篇小说也。大约三两日后,小说可以脱稿,今天偷闲写此信。"郁氏创作,30年代之后小说不多,而在当年9、10月份赶写一篇小说,应该有迹可循。但郁达夫1934年和1935年的日记,都没有把10月1日包括进去。此时,郁达夫小说《出奔》引起了我的注意,这是他生平所写的少数几部中篇之一,也是目前所知他创作的最后一篇小说,作为"特约中篇",刊登在1935年11月1日出版的上海《文学》杂志第5卷第5期,无论时间还是出版周期,均符合郁氏所说"赶写一篇小说"的概念。不过,我找到这一期《文学》杂志,翻看小说《出奔》,并没有找到写作地点与时间。但正所谓"山重水复疑无路,柳暗花明又一村",我在王自立、陈子善编写的《郁达夫研究资料》[1]上,查询到1935年10月

---

1 知识产权出版社,2010。

24日上海《社会日报》上发表有《郁达夫的出奔——从夏初到深秋》,并按图索骥,找到这则署名"柳婷"的消息原文,其透露"十一月份《文学》(现未出版),将登有一篇郁达夫的'特约中篇',题目是《出奔》",并有如下表述:

> 达夫开始写这篇东西,是在夏天,所以,这篇东西的中间,有着以后一节附白:
> "写到这里,已经有八千多字了。而主题还没有写出,假使要写出主题,大概非再写一万字不可;现在,天热头晕,决计写不出来,所以,就匆匆结束了,请读者原谅。"
> 但后来《学文》[1]是要他做中篇,他就把那段附白涂去,然后再继续下去。

此消息刊登之时,《文学》尚未出版,能够透露如此细节(包括看到郁达夫手稿),想必和郁达夫或《文学》编辑熟悉,或者就是《文学》编辑中人。结合此文和郁达夫写给贞淮的信,基本可以推断郁达夫所说赶写的小说为《出奔》,如此,写信的时间也可以确定为1935年10月1日。

信中和日记里的郁达夫都很忙

再看郁达夫落款"三月十五日"写给"贞淮"的这封信:

---

1 疑似《文学》。——作者注

贞淮兄,来函拜悉,承赐马尾松与洋槐,谢谢。此次来福建,本系应陈主席之招,半为游玩,半为转换转换空气,并非有意来做什么官,而沪杭京各报,似各惊为异事,竞载菲薄之辞,可气亦复可笑。此间事情不烦,日夕亦复执笔为文,不过应酬较杭州更多一些,要分去许多时间耳。杭地沉闷,久居写不出东西来,且版税一文收不到,生活艰难,来此做点小事,总算有了一定的俸给,可以安心读书,自问亦并无什么了不得的转变,不过在旁人眼里,恐将谈为奇异。秦威尚在东京耶,郁风似已大改从前习气,与秦不复有恋意。秦威来信中亦谈及吾兄。夫人新生小孩,负担必将加重,望勉力做事,可以尽仰事亲之责。时势难,吃饭更难,万一有世界大战勃发之一日,我辈将不能生存。《论语》极欢迎外稿,有作乞径寄上海邵洵美处,我实只担任一名义上编辑耳。杭州闻雨雪奇寒,此间已桃李开尽,气候悬殊若此,真想不到。大约暑假前后,将回浙一行,届时当有接谈机会,有暇乞以杭城近来告我。舍间房子,似为天候所阻,现在尚未完工,想要迟至五六月方能搬住也。匆复,顺颂春祺。

弟　郁达夫上
三月十五日

1936年2月初，郁达夫应当时国民政府福建省主席陈仪的邀请抵达福建，先后出任省政府参议及省政府秘书处公报室主任。无疑，郁达夫此信应该写于1936年3月15日。根据信的内容，可以将其大体分为五个部分。

首先，针对沪杭京各报"可气亦复可笑"的不实之词，郁达夫标明自己"并非有意来做什么官"，只是"半为游玩，半为转换转换空气"。郁达夫认为"竞载菲薄之辞"的沪杭京各报的具体篇目有哪些，目前无从得知，不过，我所寓目的一篇以郁达夫和王映霞口吻写成的文字《郁达夫的踌躇》[1]，就明显含有讥讽。当然，在杭州生活不易，版税拿不到，生活成问题，肯定也是闽游的关键，毕竟到了福建，"有了一定的俸给，可以安心读书"。不过，他紧接着又说在福建"应酬较杭州更多一些，要分去许多时间耳"。

郁达夫的应酬究竟多到什么程度，《闽游日记》可为佐证，仅以1936年3月15日前后几天为重点，就能发现他在福建的应酬确实分去很多时间，甚至有一个晚上吃请三次的记录。不妨精选其中应酬内容，立此存照：

> 3月10日
>
> 昨晚雨，今日未晴，晨六时即醒，睡不着了，起来看书。正欲执笔写文章，却又来了访问者，只能以出去为退兵

---

[1] 署名"周明"，上海《世界晨报》1936年2月16日。

之计，就冒雨到了省府。

看报半天，约旧同学林湘臣来谈，至十二时返寓。文思一被打断，第二次是续不上去的，所以今天的一天，就此完了，只看了几页《公是弟子记》而已。

晚上在中洲顾氏家吃饭，饭后就回来。中行吴行长问有新消息否？答以我也浑浑然也。

3月11日

午后有人来，一事不做。

3月12日

今日为总理逝世纪念日，公署会所，全体放假；晨起就有人来访，为写对联条幅无数。午后去于山戚公祠饮茶，汗流浃背。晚上运使刘树梅来谈，先从书版谈起，后及天下大事，国计民生，畅谈至午前三时。

3月13日

下午又有人来看，到晚上为止，不能做一事。只打了一个贺电给富阳米一山先生，写送陈些蠢祖母之挽轴一条。

3月14日

午前一早就有人来，谈至十时半，去广播电台播音，讲防空与自卫的话。十二点去省府，下午回至寓居，接霞来信三封，颇悔前昨两天的空着急。傍晚又接来电，大约双庆两日可到南台。

晚上刘云阶氏家有宴会，去说了几句话，十一时返寓。

3月15日

晨起接见了一位来客后,即仓皇出去,想避掉应接之烦也。

下午回寓,写了半天的信,计发上海丁氏、杭州周象贤氏、尹贞淮氏,及家信一。

3月16日

晨六时起床,写答本地学生来信五封。十时接电话,约于本星期五下午二时去协和大学讲演。

中午至省府,为双庆事提条子一,大约明天可有回音。午后双庆自杭州来,当于明日去为问省银行事。

3月17日

晨六时起床,九时至省府探听为双庆荐入省银行事,大约明日可以发表,当即送伊去进宿舍。

晚上应陈世鸿、银行团、李秘书等三处宴会,幸借得了刘爱其之汽车,得不误时间,饮至十一点回寓。

3月18日

晨起,宿醉未醒;九时去省银行看寿行长,托以双庆事,下午将去一考,大约总能取入。

3月19日

回寓后,沈祖牟君来访;沈君为文肃公直系长孙,善写诗,曾在光华大学毕业,故友志摩之入室弟子也,与谈至中午分手别去。

午后张涤如君约去喝绍兴酒,晚上当在嘉宾吃晚饭。双庆于今日入省银行宿舍。

3月20日

> 午前头尚昏昏然，晨起入城，访武昌大学时学生现任三都中学校长陈君毓麟于大同旅舍……
>
> 午后，协和大学朱君来约去讲演；完后，在陈教务长家吃晚饭，协和固别一天地，求学原很适宜也。晚上坐协大汽车回来，又上福龙泉及嘉宾去吃了两次饭。[1]

区区十天，应酬和饭局之多，令人咋舌，结果是"不能做一事"，不得不"以出去为退兵之计"，"仓皇出去，想避掉应接之烦也"。

令人喜出望外的是，其3月15日的日记中，有寄信给杭州"尹贞淮"的记录。如此，一个原本十分陌生、让人摸不着头脑的"贞淮"顿然成为一个有名有姓的人了！甚而，七十多年前郁达夫日记之中仅记录有"尹贞淮氏"冷冰冰四个字的信，此时此刻有血有肉地呈现在我面前！

不料，在读秀、全国报刊索引等大型资料库搜索"尹贞淮"，所得不多，仅见20世纪30年代曾以"尹贞淮""贞淮"的名字发表过几篇文章，比如1932年2卷1期《新时代月刊（无名作家专号）》上的新诗《请醉此一杯》，1934年第3期《浙江保卫月刊》上的小说《霍霍》，1936年第17、18期《前哨》上的小说《悔》等。他的具体身份，只有《请醉此一杯》文后所刊通讯处"江苏省邳县县党部"字样。此外，1999年10月出版的江西《永

---

[1] 郁达夫：《屐痕处处》，湖南文艺出版社，1996，第205—209页。

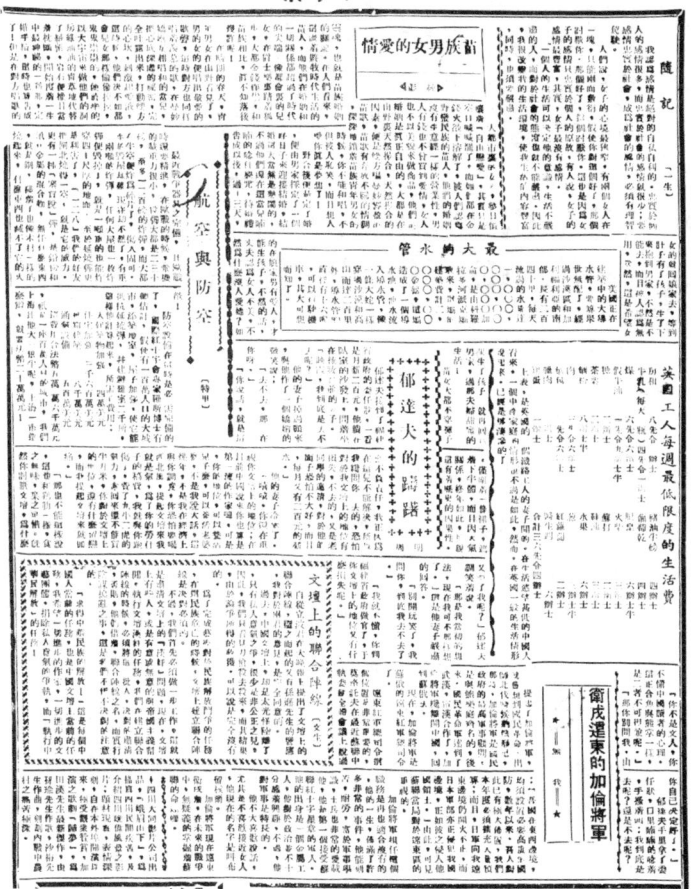

1936年2月16日上海《世界晨报》所载《郁达夫的踌躇》一文书影

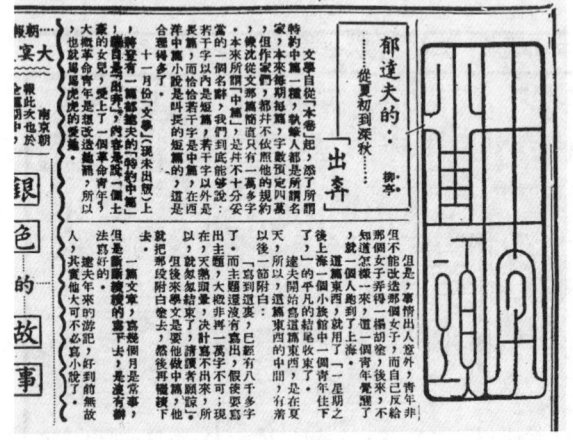

1935年10月24日上海《社会日报》刊登《郁达夫的出奔》一文书影

新文史资料第6辑教育专辑》,在"石桥中心小学"介绍部分,有"四十年代因环浒乡易名洞麓乡,校名响应改为洞麓小学,尹贞淮任第一任校长"字样。两个尹贞淮是否同一个人,尚不能确定。民国时期,除了为稻粱谋外,还有战乱因素,人员流动较大,尹贞淮的线索实在太少,只能留以待考。如有师友对他有所了解或能提供线索,希望不吝赐教。

再回到郁达夫信的第二部分,提及秦威这个人。秦威(1911—1994),知名电影美术设计师,曾任北京电影制片厂总美术师。秦威1934年毕业于北平大学艺术学院西画系,和郁达夫的侄女郁风同班。郁达夫信中说"郁风似已大改从前习气,与秦不复有恋意",披露了一段闻所未闻的郁风情史,虽说尹贞淮和秦威熟悉(秦威来信问及他),但假使如我此前猜想郁达夫和尹贞淮关系泛泛的话,势必不会把侄女的感情之事告诉对方。

一语成谶：大战勃发，我辈将不能生存

信的第三部分，是尹贞淮在《由郁达夫先生遗札所想起的》里提及的郁达夫的鼓励，因为尹太太刚生下孩子，上有老，下有小，"负担必将加重，望勉力做事，可以尽仰事亲之责"。最值得注意的，是郁达夫的这么一句话："万一有世界大战勃发之一日，我辈将不能生存。"（十余天后的3月27日，郁达夫在给曹靖陶的信中，也有"时事日非，我辈死无葬身之地，国难来时，恐玉石将同焚也"之语。[1]）联想到郁氏在大战爆发后流徙南洋，在黑暗已尽时死于敌寇之手，真是一语成谶，让人不禁扼腕！

信的下一部分，应该是针对尹贞淮想投稿《论语》的一个回答，称自己只是"一名义上编辑耳"。经查，在1936年2月16日的《申报》上，刊登过三个启事，分别是《论语半月刊启事》《陶亢德启事》和《郁达夫启事》，中心意思是陶亢德因事忙即日起辞去《论语》编务而由郁达夫接任。事实上，当时郁达夫已前往福建任职，《论语》编务只能挂名，所以他希望尹贞淮"有作乞径寄上海邵洵美处"。

信的第五部分，比较了福建和杭州的悬殊气候，表示暑假前后会回杭州，希望和尹贞淮有晤谈机会，并希望对方有空回信时能转告杭州的近况。同样说明两人的亲近关系。

信的最后一部分提及尚未完工的"舍间房子"，当是郁达

---

[1] 见《榕城诗客一封书》，南京《新民报》副刊《新园地》第102期，1936年4月6日。

夫在杭州买地所建的"风雨茅庐"，郁氏为此曾写有《记风雨茅庐》一文，此处不赘。不过，有一点需要说明的是，坊间不少谈及"风雨茅庐"的文章，错讹不少，有说1934年春间落成的[1]，也有说1936年初建成的[2]，无论是从这封信来看，还是从事实出发，都有差距。徐重庆在《有关"风雨茅庐"的一点史实》[3]中称"风雨茅庐"1936年4月全部竣工，与郁达夫信中所言"想要迟至五六月方能搬住也"，算是吻合的。

郁达夫遗札两封，涉及其生活、创作、交往以及对世界大战的看法，内容十分重要，是研究郁氏的重要史料。不揣鄙陋，释读如上，错误难免，期待方家不吝赐教。

2019年12月于南京

---

[1] 高维生：《郁达夫的孤影流年》，团结出版社，2015，第219页。

[2] 聂鑫森：《话说名宅》，地震出版社，2014，第86页。

[3] 《文苑散叶》，东南大学出版社，2002，第156页。

马可波罗再来,当赞杭州"天上之天"
——郁达夫佚函《回杭观感》

"郁达夫唯一存世完整手稿《她是一个弱女子》回家展",最近在杭州郁达夫故居风雨茅庐开幕,让我想起来前一阵曾在1937年杭州《东南日报》副刊《沙发》读到的郁达夫写给陈大悲的一封信,题目为《回杭观感》。抽空在各大学术资源库查询了一下,这封信不见《千秋饮恨　郁达夫年谱长编》[1]提及,也没有被列入"浙江文化研究工程成果文库浙江文献集成"的《郁达夫全集》之第六卷书信集[2]。《郁达夫全集》出版后十多年来,论者钩沉的郁达夫佚文,也没有此函。

1936年2月初,寓居杭州的作家郁达夫应国民政府福建省主席陈仪的邀请,抵达福州,先后出任省政府参议及省政府秘书处公报室主任。在我记忆中,郁达夫在福建期间回过杭州两次:一次是1936年5月中旬"风雨茅庐"落成,郁返杭宴客;另一次就是1937年4月底到5月初,为"公私杂务"请假回杭五天。佚函《回杭观感》就是郁达夫此次从杭州返回福州后给陈大慈的一封信,载

---

[1] 四川人民出版社,1996。
[2] 浙江大学出版社,2007。

1937年5月18日杭州《东南日报》副刊《沙发》。现抄录释读如下：

大慈兄：

　　此次匆匆返沪杭一溜，足下来舍，以不获晤为怅。然东南日报之建筑，作者协会之客厅，以及报馆大厅之演讲场，机器间等，却都由绍棣、健中两兄带领参观过一周：杭州而有此报馆，杭州而有此日报，都足以表示诸君之努力，间接亦足以知中国复兴前途之有望。唯杭州智识阶级，有此好建筑而不知利用，不时时上作者协会客厅去作"交换智识，联络感情"的闲谈，却是缺点，提倡鼓励，责在诸君；当时亦会对健中兄提起，很希望半年之后，社交中心能移转至众安桥畔也。

　　其次，是中外报章杂志，及中外有名著书之展览与贩卖；东南日报，既有此一大建筑，似可为杭州高级智识者尽一点代办与介绍之劳。譬如东京，纽约，伦敦，巴黎，柏林，墨斯哥（现通译"莫斯科"——笔者注）各地之著名日报与杂志，各定一二份来陈列陈列，同时亦任代售贩卖等业务，则每月有五六十元之费用，既能统受世界各国之化育，只须有二三人能得到实益，此款就可以说是不白化。

　　这一回在杭州虽只住了三天的样子，但恰好看到了《狄四娘》的上演。浪漫剧在写实的现代，而能得到这样的成功，总也算是难能。久违之后，重听到程丽娜的那一种有特异口音的台白，便如逢故友，愉快之至。就在那一天的午后，并且也偷闲上九溪茶场去坐了两个钟头，路过二龙头，见大桥桥墩，都已打就，预想今年冬天桥路通行以后，杭市繁荣，将更倍于现在：马哥保罗[1]之灵，若第二次来游中国，对杭州或更将赞为天上之天。诸君身处其间，且观着杭州的生长，福气真好不过。

龙文去英，惠清去日，杭州的旧友虽则日渐少了，但有这一番新气象来补缺，倒也并不觉得寂寞。我在轮船上伤了风，俯卧小斋，醒来见白日斜西，苍空带了红晕。故忽而想到了杭州，也忽而写下了这一封信。

敬祝编务进步！

郁达夫上　五，十二，寄自福州。

在《回杭观感》这封信中，有几个关键人物值得一说。首先自然是收信人陈大慈（1904—1939），原名陈慈煦，广东人，上海大同大学毕业，曾主编杭州《民国日报》（后改《东南日报》）副刊《沙发》多年，"采用多方面的材料，雅俗共赏，隽永各具，来迎合各层阶级的兴趣，所以很博得一般读者所乐阅"[2]。后应聘在浙江大学国文系教书。抗战爆发后，随浙大迁往广西宜山，不幸在1939年感染瘟疫病故，年仅三十五岁。竺可桢曾在其追悼会上致辞，称"先生遽归道山，实为国家莫大损失"。

1　现通译"马可波罗"。——作者注
2　钱一鸣：《文化界的损失陈大慈病逝宜山》，《总汇报》1939年11月4日。

郁达夫和陈大慈从何时开始交往,囿于所见资料,眼下难以定论。不过,1933年10月,郁曾在杭州写有《酒后挥毫赠大慈》,云:

> 十月秋阴浪拍天,湖山虽好未容颠。但凭极贱杭州酒,烂醉西泠岳墓前。

《郁达夫诗词笺注》[1]说:"大慈,作者友人,余未详。"

郁达夫1936年2月赴闽做官,当时报刊上颇有一番议论,甚至《世界晨报》还有以作家语气写成的《郁达夫的踌躇》一文,明显含有讥讽嘲谑。主持《东南日报》副刊《沙发》的陈大慈,除了发表过郁写给王映霞的信函《闽海双鱼》外,还刊登过戏剧家李朴元的一封来信,为郁赴闽说了几句实在话:

> 郁达夫兄赴闽过官瘾,他没有同我谈是什么目的,据我想,一则他是在杭州造了房子的,说不定要弄一点钱还债;再则,离一离杭州,也许可以写出点文章来,你知道,他是很久没有正式写过文章了,老闷在杭州的家里大约是很不利于他底文字生涯的。[2]

---

1 詹亚园笺注,上海古籍出版社,2013。
2 《东南日报》副刊《沙发》"消息"栏,1936年4月21日。

不过，作为小说家的郁达夫，去了福建之后，似乎还是没有"正式"写出小说一类的东西，但留下了《闽游日记》《闽游滴沥》等游记名篇，丰富了中国现代文学的散文宝库。

从信中看，郁达夫1937年5月初返回杭州，是和陈大慈失之交臂的。是许绍棣、胡健中陪同郁参观了1937年2月新落成的东南日报新大楼、杭州作者协会的客厅等。许绍棣（1900—1980），浙江临海人，复旦大学商科毕业，时任浙江省教育厅厅长；胡健中（1902—1993），寄籍浙江余杭，复旦大学新闻系毕业，时任杭州东南日报社社长。根据范泉的《中国现代文学社团流派辞典》[1]，杭州作者协会成立于1933年，是杭州《民国日报》社长胡健中委派《民国日报》副刊《沙发》主编陈大慈和《国民新闻》副刊《热水瓶》主编程一戎筹备组成的，胡健中、郁达夫、陈大慈等五人为常务理事，李朴园、孙福熙、刘延陵、许君武、黄萍荪等十六人为理事。杭州作者协会相对松散，没有正式的机关刊物，但《东南日报》副刊《沙发》、《国民新闻》副刊《热水瓶》、综合性半月刊《黄钟》等都是杭州作协会员所编辑，郁达夫、孙福熙、李朴园、刘延陵等会员经常在这些刊物上发作品。所谓近水楼台先得月，《东南日报》辟出一间"房子"作为杭州作者协会的客厅，也是十分自然的事。

许绍棣、胡健中和郁达夫的关系十分密切，许后来还被疑为郁、王家庭关系破裂的第三者。不过，根据徐重庆转述，了解

---

[1] 上海书店出版社，1993，第354页。

这段内情的胡健中（蘅子），曾在台湾发表《郁达夫王映霞的悲剧》一文，其中有一段亲历记述：

> 许、王两家儿女亲属同居者之多，及他们每次相见都有别的朋友在场，在十目所视之下，我确信他们的关系仅止于爱慕和别后的通信，一般悠悠之口和达夫的猜疑，导因于其中尚夹杂着一个神秘的第三者。[1]

这个神秘的第三者，诗人汪静之1993年写下《王映霞的一个秘密》，揭露了谜底：戴笠[2]。

郁达夫在《回杭观感》中，还提及在杭州观看《狄四娘》的情景。并称"久违之后，重听到程丽娜的那一种有特异口音的台白，便如逢故友，愉快之至"。后来成为雕塑家刘开渠夫人的程丽娜（1911—2009），是杭州"艺专剧社"成员，在《狄四娘》之前曾主演过《茶花女》。据《东南日报》1937年5月1日头版广告，《狄四娘》为嚣俄（雨果）原著、张道藩改译的"四幕大悲剧"，由"烽火剧社"5月2日上午、下午和晚上演出三场，地点就在"东南日报新厦大礼堂"。刘开渠受惠于郁达夫不少，和郁达夫"共有十七八年既是师生又是朋友的交往"[3]，刘、程婚礼，因女方家长刁难说需要社会名流做证婚人和家长，最后是由郁达

---

1 见《文苑散叶》，东南大学出版社，2002，第382页。
2 参见《没有被忘却的欣慰》，西泠印社，2006。
3 刘开渠：《忆郁达夫先生》，载《众说郁达夫》，浙江文艺出版社，1996，第93页。

夫做的证婚人，王映霞则充当了家长。

至于信中所提到的"路过二龙头，见大桥桥墩，都已打就"的桥梁，自当是钱塘江大桥。这座由茅以升主持建造的大桥，命运多舛，1934年8月8日开始动工兴建，1937年9月26日建成，历时三年多时间，总投资五百四十万银圆。落成不足三个月，就在1937年12月23日为阻断日军从浙北南下而炸毁。抗战胜利后，又重修。这是后话。

信中"龙文去英"，当时指赵龙文（1901—1967），浙江义乌人，曾任浙江省警官学校校长、浙江省警察训练所所长。1937年4月，孔祥熙奉派赴英庆贺英王加冕，赵龙文奉派为随员，曾顺道赴德国考察警政。而去日的"惠清"，恕我孤陋寡闻，不知是谁。愿知情者教我！

郁达夫在《回杭观感》中，以相当篇幅称颂了东南日报社新大楼的建筑和设备，对杭州的"智识阶级"未加好好利用感到遗憾，并提出了相当详尽的建议。对于杭州的变化，尤其是钱塘江大桥兴建后的繁荣，他的笔下更是饱含了感情，甚至说马可波罗如能再来，当对杭州赞为"天上之天"！

信的最后，透露作家在回程的轮船上"伤了风"。坊间有关作家的几种年谱或传记均未见提及，未来可以补充。

以上是对郁达夫《回杭观感》一函的释读及说明，限于水平，难免有错误存在，敬请各位师友不吝赐教。

2019年5月23日

韩北屏、路易士的《两地书》

韩北屏没有主编过《小雅》

关于诗人韩北屏（1914—1970），本来我是不准备再写什么东西的。陈子善先生曾写过一篇《韩北屏：〈诗志〉》，发表于2009年8月7日的《文汇读书周报》，很详细地介绍了诗人的一些情况。当时我拜读之后，不知天高地厚，还就自己掌握的一些资料，写过一篇文章《〈小雅〉创刊地及〈诗志〉刊名题写者》[1]，为子善师的文章作补充。

不过，最近因整理《小雅》诗刊的相关资料，在读秀上检索到1997年2月花城出版社出版的《韩北屏文集》，读到《文集》下卷中所附录的林林的《〈夜鼓〉序》及《韩北屏生平》，觉得还是要写一篇短文，澄清一些史实。

林林的《〈夜鼓〉序》，原本是为上海文艺出版社1980年2月出版的韩北屏遗著《夜鼓》所写的序言，曾发表于《战地》杂志1980年第2期。其中有这么一句："北屏同志从年青时编《小雅》写新诗，直到最后编成诗集《夜鼓》，算来也有几十年的功夫，才达到这个较好的水平。"我父亲吴奔星当时读到后，曾给

---

1 《博览群书》，2009年第10期。

林林写去一信,告诉他,韩北屏年轻时只是在《小雅》上发表过诗作(第4期《悔》),他所编的诗刊是《菜花》和《诗志》。林林当年5月7日复信说:"小文有误,《菜花》误为《小雅》(《战地》编者已经知道,并转来给我),今后如再用此文时,当予以更正,谢谢您。"

遗憾的是,距此十七年后出版的《韩北屏文集》并没有对《〈夜鼓〉序》中的讹误做更正,而且在《韩北屏生平》里,还有"他还与朋友创办诗刊《小雅》,发表了许多揭露国民党反动统治和抨击时政的进步诗篇"的描述,不知根据何在。此外,《生平》中"1934年,他来到上海,与同人创办《菜花》、《诗志》等月刊,并任主编"的表述,也不够准确或易引起人误解,韩北屏与路易士创办《菜花》《诗志》并非1934年,而是1936年,地点也不是上海,而是苏州。

《钟山风雨》2018年第1期,刊登有丁邦元所写《蜚声文坛的韩北屏》,也有"1934年至1937年他在上海创办并主编两个杂志:《菜花》《诗志》月刊"字样,应是作者轻信并援引了不实的材料,又一次以讹传讹。不过,这篇文章开头说韩北屏"发表文章时用过露珠、宴冲、欧阳梦等笔名",让我十分惊喜,因为此说证实了我多年来的一个猜测——露珠是韩北屏的笔名!2015年4月29日,我曾在《中华读书报》发表《诗人纪弦早年的一篇小说》,其中表示:

> 有一个值得注意的细节是,在刊登《金得利》的同一期《读书俱乐部半月刊》上,还载有一名署名"露珠"

作者的作品《乔治摩亚感想抄》，而我曾见过路易士编辑的《火山》诗刊第1期封面上，有署名"露珠"的题字："一九三四，十二月底，编者赠我"。两个"露珠"，同一时期，也应为同一个人。如此，纪弦以本名"路逾"在《读书俱乐部半月刊》发表习作基本就能够认定了。

当时我曾推测露珠就是诗人韩北屏，因为除了上述两人交往的证据外，我还在路易士韩北屏主编的《菜花》诗刊创刊号上，看到过"菜花诗丛"的广告，其中韩北屏的一本叫《露珠草》，露珠之间的关联呼之欲出。但当时是孤证，无法加以确认，所以没有写入文章。

1987年下半年，先父吴奔星为江苏文艺出版社主编《中国新诗鉴赏大辞典》，函请林林为韩北屏推荐诗作。林林1988年1月17日回信，选了韩的诗作三首，即《夜鼓》《黑奴堡》和《海边铜像》，并解释说这三首诗是"均写黑非的重要题材，也写得好，北屏自己也满意"。与此同时，他也自选了诗作三首，并表示："我们这两人的诗，是以对外开放时期，要对外友好，增加对外的一点知识着眼选的，这样辞典诗篇的题材也多样些，不知你以为然否？"我不知道当时吴奔星是如何回答林林的，但作为中国新诗诞生七十年后的第一本新诗鉴赏辞典的主编，他选诗的着眼点更侧重于诗艺，因此在正式出版的《中国新诗鉴赏大辞典》，并不见上述三首诗作，选入的则是韩北屏民国期间创作的代表作《牧——写给舞鹰》和《病》，前者曾被闻一多先生选入《现代诗抄》。

露珠（韩北屏）在路易士送给他的《火山》诗刊第一期封面上的题词

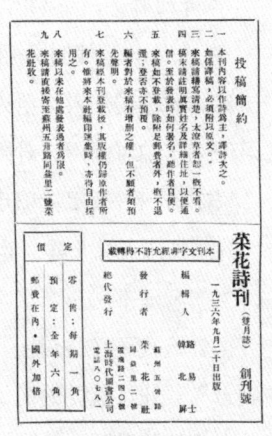

路易士、韩北屏作为"编辑人"的《菜花诗刊》版权页

1934年10月13日《苏报》刊发露珠《传书鸽》（新诗）

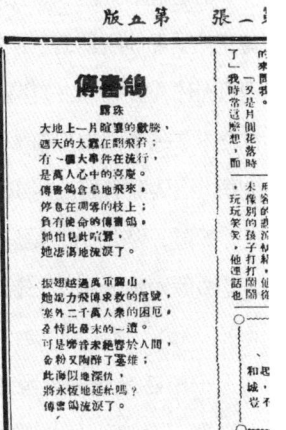

韩北屏路易士的《两地书》

韩北屏是扬州人。自称扬州人的路易士对扬州感情很深,回忆录和诗作中对扬州、对扬州的老友着墨也颇为可观。然而,对于"家住扬州,很早就和我相识了"、共同创办《菜花》和《诗志》的同乡诗人韩北屏,他在回忆录中只有寥寥几处:

> 我邀约韩北屏、常白、沈洛三位,和我组成"菜花社",出《菜花诗刊》。菜花四瓣,属于十字花科,藉以象征我们"镇扬四贤"之合作。

真是惜墨如金,甚至没有提及韩和他是刊物的共同编辑(双主编)。至于他所谓的"镇扬四贤"中的常白,回忆录中则有相当篇幅的描述,并有"在这些人之中,尤以常白和我的友谊最为深厚"的表述。陈子善先生在《韩北屏:〈诗志〉》中也有此发现:"韩北屏怎么认识路易士并成为志同道合的诗友的,已无法知其详。"

不过,路易士的妻兄、画家胡金人在《画像闲谈》[1]一文,在提及婚后为妻子画了一幅全身肖像画时回忆:

> 画幅中的妻坐在富丽的背景当中,丝缎的礼服熠熠发光,她脸上红红地像刚饮了酒,身姿软软地斜倚在床上,

---

[1] 见《青年文选》第六辑《长春》,日新出版社,1947。

显着微醺的慵懒,情调表现得相当好。但一直想不出一个适当的画题,有一天诗人韩北屏在我家晚餐时,偶然谈到这幅画,他想了一晚,想出了"酒阑人散后",后来便使用了这个题名。

韩北屏和胡金人,二人是扬州同乡,又同在一个文化圈里,可能本来就熟悉。但我更愿意相信,韩北屏成为路易士画家连襟的座上客,还是他和路易士当年的关系非同一般的缘故。之所以后来路、韩对彼此着墨不多,或许是两人政治态度渐行渐远的缘故吧!这和《韩北屏文集》中其"生平"提及他主编《菜花》和《诗志》时,不写另一个主编路易士的名字,只写"同人",恐怕是出于同样的考虑。

不过,路易士和韩北屏亲密关系,除了共同编辑《菜花》《诗志》外,还是留下了文字记录的。1938年3月26日出版的武昌《文艺战线》第2卷第1期,刊登有署名"韩北屏·路易士"的《两地书》,《韩北屏文集》中未收,也不见任何研究者提及,这是研究现代新诗及诗人面临日寇入侵时如何抉择的重要史料,有必要照录如下:

一

易士兄:

收到你的明信片,使我非常兴奋。自从离开家乡以后,我已三个月没有收到任何人的一封信了,你的行止,我颇挂念。

那些故乡的友人们的消息,我完全不知道。金人在我走的那天晚上,是住在我家里的。据他说,先到乡下去住一些时候,然后看情形再定。不知现在是到哪儿去了。

这一次家乡的损失实在是够大了!一切熟人与家人的安全与否,非等到重返故乡时不能详知了。然而哪一天才能重返故乡呢?

我现在已与文救会[1]全体加入十一集团军总政训处工作,目前工作地点大概是在安徽全省。这种在内地城市与乡村流动的生活,我是愿意过下去的。而且在现在,我惦念着家与国,我觉得我这样的献身下去,已是不够的了。

你的诗小册子我尚未收到[2]。

沈洛常白二人,我也不知道他们的消息,真令人悬念得很。

我有千万句话想说,也许见面时谈几天也谈不完,但是信上我是写不出来。

遥想着活跃于都市的友人们,不仅又想起呻吟于敌人铁

---

[1] 应为"江苏省江都县文化界抗日救亡协会",简称"江都文救会",韩北屏任副主任。——作者注

[2] 此处所指"诗小册子",路易士回信中未谈及,应该是《文艺(武昌)》1938年5卷4期77—78页刊登路易士《儿童节写给孩子们》文末所附的广告之书——"本刊作者近著:《为煽动第二次世界大战而歌》路易士作 定价五分"。作家沈从文1938年10月1日到5日在香港《星岛日报》副刊"星座"连载的诗论《谈朗诵诗》,也提到"有个路易士先生,虽很热情的写作了一本《为掀动世界第二次世界大战》的长诗……",书名虽有一字之差,但应该是同一本书。不过,路易士后来从来没有提及此书,海峡两岸各大图书馆也没有此书馆藏。

蹄下的家人，我鸣咽了。

　　常来信。祝

好！

　　　　　　　　　　弟　北屏上。
　　　　　　　　　二，二十七，六安。

二

北屏兄：

　　二月二十七日的信收到了。我真说不出我是怎样的喜欢和惆怅。我渴念着你！可是，我们不容易见面了，因为不久，我便要离开这个正在苦难中挣扎着祖国的怀抱，而远远的飞去了；在那陌生的欧洲，我将埋头好好的磨练一番。这一去便是两三年，说不定还会更长久一点，则我们不知哪一天才能重见呢。想起从前我们闲坐于冬天的香影廊，沐着温煦的太阳，一面饮着茶地畅谈着文学艺术上的诸问题时的那种豪兴，那种不可一世的气概，实在是有点不胜其伤情了，因为个中的滋味，是只有你我两人才知道的。而这几年来，国事人事上的变化，不是太多太莫测了吗？我，北屏！我只有黯然而已。

　　你已加入十一集团军，并从事与政训的工作了，这是可喜可贺的。你应尽你的能力，好好的干下去！但你必须牢记着：作为一个文学者，固应深入各种的生活中从而体验之；惟技巧的锻炼，也是一日不可疏忽的。盼你好自为之。

常白兄现在在兴化,已多方面地探知了他的近况了。

我在武汉尚有两三个星期的勾留,如果此信到时,你尚未离开六安,则我尚来得及接到你一封信。

出国手续弄妥之后,将回贵阳一行,然后,便从香港出帆了。在海行中,我一定时时给信你。

你说你想起了呻吟于敌人铁蹄下的家人,你呜咽了。唉,北屏,我将何以慰你呢?但愿你的爱人是平安的,你的母亲,你的姊妹,我都在为他们祝福。

再会吧!愿你

健康!

       弟 易士上。

       三,二十四,武昌。

从刊物出版时间和信函落款时间看,"两地书"应分别写于1938年2月27日和3月24日。韩北屏路易士之间的真挚友谊和由衷挂念,在信中一览无余,这无疑是两人友情的最好见证。不过,面临敌寇入侵、国破家亡,两位诗人的态度,多少还是能够看出些许不同。当时韩北屏已经参加了抗战政训工作,但他并不满足于在城市和乡村中流动,反而认为"我觉得我这样的献身下去,已是不够的了"。反观路易士,则是要办妥手续,"离开这个正在苦难中挣扎着祖国的怀抱,而远远的飞去了"。不同道路的选择,当时已见蛛丝马迹。耐人寻味的是,诗人后来在《纪弦回忆录》,没有提及过他曾有去欧洲的准备。不过,路易士在《三十

前集》[1]的《三十自述》里,透露过端倪:

> 八一三的前夜,我把苏州的家从新又搬回扬州去,随即自身赴武汉。和那些标语口号诗,公式八股文的时流作家们格格不入,我沉默着没有什么文学活动。不久回扬州把一家人带到武汉,又经长沙,沿西南公路而抵贵阳,时已一九三八年元旦后数日了。
>
> 我想,这种乱世,没有什么道理。决定到巴黎去再学几年的画。因又再赴汉口,办理出国手续。一切弄妥之后,回到贵阳,把一部分家属带到昆明,找好了房子把她们安顿下来,这就准备走了。

当然,路易士最后没有去成巴黎。买好的赴马赛的船票也退掉了。这是题外故事,此处不赘,以后找机会再说吧。

2019年5月9日南京

---

1 诗领土社,1945。

周作人于沦陷时期的一篇重要访谈

并非小说家言的周作人自辩语

最近,偶尔翻阅1948年上海文化生活出版社出版的吴岩短篇小说集《株守》,阅读同名小说《株守》时,赫然发现这么一段话:

真是活见鬼,今天有一位老同学不远千里而对我游说了。他一进门就用"幽默"的口吻报告道:"老X,我落水了!"面孔上贼忒嘻嘻的,仿佛说的是别人的事。接着又把脸色一变,辩解道:"其实我们这种算什么汉奸,卖国轮不到我们这种小公务员。我们是'汉饭',老老实实是为了要吃饭,要生活。我不当公务员就不能活!我们几个公务员说过一个笑话:我们也是抗战派,我们吃敌伪的饭,拿敌伪的钱,我们是在经济上进行消耗战。老X,你不要小看这笑话,至少有三分道理呢!"给自己点了一支烟他引经据典地说到了周作人,"我倒很佩服他的一句话,他说:'我们这种人固然很糟,可是假使我们不出来做事,还有比我们更糟的人要出来做的。'你看到这几句话吗?是对一个记者发表的谈话,登在《中华日报》上的。你看他说得多坦白多中肯"!

关于周作人落水自辩问题,这些年探讨为文者颇多,论者多半会援引《周作人与鲍耀明通信集(1960—1966)》[1]中周作人1964年7月18日致鲍耀明的信。周作人在信中自辩说:

> 关于督办事,既非胁迫,亦非自动(后来确有费气力去自己运动的人)。当然,是由日方发动,经过考虑后就答应了,因为自己相信比较可靠,对于教育可以比别人出来,少一点反动行为也。

和《株守》中周的话"我们这种人固然很糟,可是假使我们不出来做事,还有比我们更糟的人要出来做的"相比,表达方式虽然不一样,但意思大体一致,当然,小说中的文字更通俗,更大众化一些。然而,小说《株守》虽然经历了初刊(1946年《文艺复兴》第4期)、收入文集(1948年上海文化生活出版社同名小说集)、再版(1983年福建人民出版社"上海抗战时期文学丛书"《轭下集》),书中周作人自辩这么重要的材料(且早于周致鲍信中的自辩十八年,早于此信的公开当然更早),迄今没有被论者注意过,也未见任何人引用。究其原因,可能和抗战初期开始文学创作活动、本名孙家晋的吴岩(1918—2000),1949年后长期在上海从事文学翻译工作(曾任上海译文出版社社

---

[1] 鲍耀明编,河南大学出版社,2004。

1940年薛慧子肖像

长),和文学创作疏离、与现代文学研究领域隔膜有关。当然,也有另一种可能性,就是有论者注意到《株守》中的文字,不过,只是视其为小说家言,没有当真,更没有去查实。

不过,我阅读之后当真了。自然,"当真"这两个字在电脑上敲上去,一秒的时间都不用,但要从没有全文索引、浩如烟海的沦陷时期上海汪伪政权机关报《中华日报》里找到周作人对记者的这么一篇谈话,那可真是好比大海捞针,殊非易事。当然,再不容易,这枚大海中的针,还是有幸被我捞到了。其中辛苦,不必多说,还是言归正传,周作人是何时何地对记者说的上述这番话,又刊登在《中华日报》上的呢?

1942年11月23日,《中华日报》开始连载薛慧子的《北国纵横记》,这是薛同年10月"奉命"随同汪伪政府首脑汪精卫"北巡"系列文章的第二部分。此前几天,薛慧子还在《中华日报》连载过《主席北巡历程》,为汪精卫"出巡"华北大肆吹捧。刊登在11月24日《中华日报》第二版上的《北国纵横记(二)》,是他在北平采访周作人的记录《苦茶庵·周作人一席谈》。这篇并没有注明日期的对周作人的访谈,不但涉及周作人对落水自辩、对当时中日关系的表态,还罕见地透露了周作人对自己和鲁迅

1942年11月24日上海《中华日报》第二版发表的薛慧子《北国纵横记——苦茶庵·周作人一席谈》书影

"做人写文"上的态度,虽然每个问题着墨不多,却是研究周作人心态的珍贵史料。遗憾的是,这么一篇重要的访谈文字,竟然在故纸堆里蒙尘大半个世纪,未见于任何周作人的研究论文或专著,也未见其年表(年谱)、传记提及。

周作人"幽默"道出落水心态

《苦茶庵·周作人一席谈》一文中,周作人对自己出任伪职辩解,是以幽默的方式表达的:

> 从写文章说到做官,他说得很幽默:"这并非什么官兴勃发,实在的,我们这种人很糟,但,如果不做吧,恐怕还有更糟的人来做。"

薛慧子对此的评价是:"淡淡的一笑,寄沉痛于悠闲。"

薛文中引用的周作人自辩语,和小说《株守》中周作人的话,表述基本一致,行文上略有差别,由此可见,沦陷时期在上海(暨南大学)读书和创作的吴岩,当年肯定是注意到《中华日报》上薛慧子对周作人的这篇访谈,且留下深刻印象,并在日后的创作中靠记忆加以引用的。

访谈中,周作人为自己辩解时,还称胡适在"七七事变"前和他说的一番为什么中国人要坚持抗战的原因:因为打败了,犹可博得民族英雄的光荣;而坚持和平的话,和不了就要容易给人唾骂。

一般认为,"七七事变"之前,胡适坚持的是"主战亦主和的双管齐下的思想"[1],周的说法,到底是真是假,抑或只是周为自己辩白的一种手法,恕我孤陋寡闻。如果确实有,不知胡适是在什么场合和周谈及抗战之事,是否留有书面文字,希望知情者不吝赐教。[2]

此外,《苦茶庵·周作人一席谈》值得注意的另一点,就是周作人罕见地提及了鲁迅:

> 我与鲁迅,从小都在寒苦中生长;做人写文,不过是方法上的不同而已。

薛慧子说,这是"作人先生最后很恳切地自我解释"。我们知道,自从周氏兄弟1923年失和反目不再来往后,周作人在1949年前极少谈及鲁迅,更遑论把自己和乃兄在"做人和写文"方面做对比。在落水之后,他"很恳切地自我解释"自己和鲁迅只是"方法上的不同而已",是颇耐人寻味的。

薛慧子在文章中,吹捧周是"日本通",其知己知彼的卓见,日本人也肃然起敬,并借周口说"要促进全面和平,日本也

---

[1] 见胡慧娥《胡适抗战思想新探》,《长沙大学学报》2017年第1期,第58—63页。

[2] 拙文在2018年9月22日"澎湃新闻"之《上海书评》发表后,广州胡文辉先生2018年9月26日在"澎湃新闻"发表《关于知堂引胡适语的出处》,称"对周作人所引胡适语,吴先生表示存疑,不确定胡适是否真的跟周说过这样的话。而我以为是可信的,周作人自己的文章可供印证"。有兴趣的读者,可以参阅此文。

要负起一半责任"。

从题词推断出访谈时间：10月26日

在此文中，还附录了周作人给薛慧子的题词：

爱中国必须兼爱东亚　爱中国亦即可以爱东亚

　　　　慧子先生　属书
　　　　　　　　　卅一年十月廿五。作人

薛慧子的《苦茶庵·周作人一席谈》，本未注明访谈时间，好在这段题词的落款时间，提供了线索。薛慧子在文中提及，"这次第一天向他索书，第二天专诚去访问，这题字竟蒙他一迳寄到南京去了"。

查《周作人年谱1885—1967》[1]，1942年10月25日有如下记载：

> 同在北京的伪宣传部长林柏生及王揖唐、王荫泰、殷同等伪华北政务委员会诸汉奸赴机场迎接为出席1942年度伪新民会全体联合协议会，由南京专程飞抵北平的汪精卫、褚民谊、梅思平等人。
>
> 晚，往外交大楼，参加王揖唐为汪精卫等举行的招待

1　张菊香、张铁荣编著，天津人民出版社，2000。

宴。同座有伪华北政务委员会诸汉奸。

上述薛慧子所言"这次第一天",自然就是10月25日,可以推断薛作为随行记者陪同汪精卫抵达北平,而接机者里就有周作人。按照薛的说法,他和周此前在去日本中转时曾在新京(长春)见过面,这次再度作揖,自然算是熟人了,因此,薛抽了个机会向周"求书"。令薛意外的是,他第二天(10月26日)前往"门口有几位壮汉守卫"的八道湾十一号访问周作人时,"这题字竟蒙他一迳寄到南京去了"。从题字落款"十月二十五日"看,周作人是薛求书当天,虽然行程非常忙碌,仍然抽空写成,而且急忙忙寄去了南京。对一名年轻记者(薛出生于1914年,当时还不到三十岁),周的表现不免太过殷勤!当然,鉴于薛慧子是汪伪政府大头目汪精卫的随行记者(甚至当年有传言不少汪精卫的演说词都是薛慧子草拟),周的行为也就好理解了,尤其题词所谓"爱中国必须兼爱东亚",更迎合了当时日伪建立"大东亚共荣圈"的图谋。

再查《周作人年谱1885—1967》,周作人10月26日的行程也十分紧凑:

> 上午,往北京大学医学院,赴医学院成立三十周年纪念会。
> 下午,赴日本华北派遣军司令官冈村宁次为汪精卫举行的招待宴会。同座有伪华北政务委员会诸汉奸。

由此推断，薛慧子前往八道湾十一号拜访周作人，应该是26日晚，否则，很难有充裕的时间"主宾对坐，随便谈谈"。薛文虽然没有提及具体时间，但对周作人"寒斋"不寒用"火炉很旺"四字描述，还是依稀透露出晚间的气息来，毕竟只有天暗才能衬托出火旺来。当然，这只是我的判断，但无论早中晚，薛周访谈在10月26日进行，则是毫无疑义的了。

薛慧子认为周作人为文有"谈言微中"的妙处，但他又指出：

> 年青的叫嚣的读者，对这妙处决不能领略得，把他一笔抹杀，看做"玩物丧志，无补时艰"的时代落伍者，思想反叛者，这是"冤狱"，我相信总有一天会给他一个翻案。

这段文字，不由让我联想到一年后第二届东亚文学者大会上发生的针对周作人的"扫荡反动老作家"风波来。看来，对周作人的"抹杀"，早已由来有自。此处不赘。

顺便说一句，薛慧子一年后曾在《中华日报》发表过一篇《周作人先生近作》，因被收入杨之华所编《文坛史料》（中华日报社，1944年1月）而知者甚多，六十年后还被收录进《回望周作人其文其书》[1]一书。甚至薛慧山20世纪80年代初还曾在香港知名掌故刊物《大成》上重登了此文，但只字不提访谈的文章。事实上，从现在看来，这篇发表在"中华副刊"上文章的重

---

[1] 孙郁、黄乔生主编，河南大学出版社，2004。

要性,远逊于刊登在《中华日报》新闻版里的《苦茶庵·周作人一席谈》的史料价值。毕竟,昨天的新闻,就是今天的历史啊!

走笔至此,这么重要的历史文献自然是不能"专美"的,特整理出来,附于文后,个别字迹漫漶,实在无法辨认者,以"□"标识出来,如有其他错误,恳请高明赐教。至于籍贯为江苏无锡的薛慧子,又名薛白雪,苏州美专毕业,沦陷时间曾担任过汪伪"中央电讯社"特派记者、《中华日报》通讯主任,日本投降后,被作为文化汉奸遭通缉(当年小报报道甚多),但似乎一直没有归案,还有投奔郝鹏举麾下之说。章克标在回忆录《世纪挥手百岁老人章克标自传》[1]中说,1947年暑假(或1948年)他曾应邀去台湾参与《平言日报》的创办,同去的有薛慧子及王予,"是'后汉'时代在金陵和姑苏相交往认识的文字同道",并称薛"活动能力很强"。到了1950年代,薛慧子在香港从事新闻工作,在《真报》发表文章时用过"斯人"这个笔名,1957年6月曾和徐訏等人以香港新闻文化界人士的名义访问台湾,还受到过蒋介石的接见。后来改名薛慧山,定居台湾,成为知名的书画家及书画评论家。

2018年8月31日—9月4日于南京

---

1 海天出版社,1999。

附：

北国纵横记（二）

苦茶庵·周作人一席谈

以前，印象是如此：作人先生是鲁迅先生的胞弟，昆仲之间的"作风"迥然不同，一个是咆哮嗔怒的战士，一个似乎是温雅言笑的隐士，"一母生九龙"，甚矣同胞性格之异也。

但是，这一次的会谈，我对于他这个人的理解，竟胜于读他十年书。

见面倒不止一次了，上次□东京在新京，这次在北平，都曾与他做过揖，举止彬彬有礼，说话老是低声下气，走起路来有些卧龙山人风度。这次第一天向他索书，第二天专诚去访问，这题字竟蒙他一迳寄到南京去了。

冒着寒风，寻到八道湾十一号，门面很堂皇，有几条壮汉守卫着，怕是弄错了地方，一问，还好，像主人一样的谦和迎接入内。

走入西屋客厅，布置整齐雅洁，墙上粉饰一新，沙发也是新的，却并不见到古色古香，就是北平人家照例的古董陈设也没有，在文章里，久已知其名为"苦雨斋""苦茶庵"，因记得先生有诗曰："且到寒斋吃苦茶"。但，这寒斋，并不寒，火炉很旺，决非想象中的纸窗茅屋，淡淡的一盏茶，也并不怎么苦，如果是这样的所谓苦寒，无论在什么时候，我也愿处。

作人先生不久就缓步而来。主宾对坐，随便谈谈。

说实话,在过去血气方刚,年少气盛的时代,爱看鲁迅先生作品,而对作人先生作品,迄不感到兴趣。这一点,他在近作《药味集序》上也说:"拙文貌似闲适,往往误人,唯一二旧友知其苦味。"现在他又重新提起,自认其作品不为一般青年所喜,只适合于中年人的口味,"不自讳言其苦"。但,我自己未届中年,已伤哀乐,读其作品,却渐渐理解与爱好起来。犹如吃茶,苦茶的滋味,愈吃愈有味。

从写文章说到做官,他说得很幽默:"这并非什么官兴勃发,实在的,我们这种人很糟,但,如果不做吧,恐怕还有更糟的人来做。"

淡淡的一笑,寄沉痛于悠闲。谈到中日问题,竟滔滔不绝地发表了许多惊人的议论,开口说:

> "……七七事变前夕,胡适之先生和我说:中日一定要打,打仗无法避免,非打不可,为什么?打败了,犹可博得民族英雄的光荣,和平呢?和不了就要容易给人唾骂。所以,至今一般人坚持抗战,而不肯言和,还是抱着这样的观念而已。……"

其次,说到要促进全面和平,日本也要负起一半责任。其实,如果,说中国真有"日本通"其人,周先生应该引人一席地,其知己知彼的卓见,有谁个日本人不为之肃然敬佩呢?

微言欣其知之为诲

道心恻于人不胜天

这是废名赠给他的一副联,可作为他全人格的表现,世界在周先生的眼中是何等平凡渺小呀!在他的文章里,谈话里,无不含有一种苦味,正有"谈言微中"的妙处。但是,年青的叫嚣的读者,对这妙处决不能领略得,把他一笔抹杀,看做"玩物丧志,无补时艰"的时代落伍者,思想反叛者,这是"冤狱",我相信总有一天会给他一个翻案。

"……我与鲁迅,从小都在寒苦中生长;做人写文,不过是方法上的不同而已。"

作人先生最后很恳切地自我解释。临行,他还殷殷垂询上海文化人的近况,如通信而未见过面陶亢德诸君。他的一席议论,说得警辟透彻,使人感动,暂时却不便发表,总之,此次他给我的印象是,正与大多数的北平人一样,这人你听他潇洒自在他固然开心,但前面有了风暴的时候他也照样开心。

英国温源宁对于作人先生的结论是:

"风暴!提起这两个字我们就想到海,提起海就想到船,命运的播弄真是奇巧,小品文家的周先生从前竟是一个海军学校学生!但实在讲起来,这也并没有什么奇怪。还有什么比一艘乘风破浪的铁甲舰更温雅的呢?是的,周先生在这一点上正像一艘铁甲舰,他有铁与温雅!"

1942年11月24日《中华日报》第二版

一生三世薛慧山

——兼谈梁实秋集外文

梁实秋的集外文

拙文《周作人沦陷时期的一篇重要访谈》（澎湃新闻"上海书评"2018年9月22日）刊出后，颇有一些朋友和读者对当年访谈周作人的记者薛慧子后来成为画家薛慧山感到兴趣。

至于我，因为撰写周作人文章，对薛慧山同样十分好奇，因此在孔夫子旧书网看到他的两件价格不菲的旧物，也毫不犹豫下单购藏。如今，摆在我面前的，一件是他写给苏州美专老同学、名画家钱定一的两页信函，另一件是没有标明日期的薛慧山画展的宣传册页。

薛慧山写给钱定一的信函内容丰富，涉及曾和他有过多次合作的大画家溥心畬和张大千的逸事，也有他对无锡美专、苏州美专老同学的臧否。遗憾的是，他的字迹实在潦草，释读该函颇为吃力，请教了多位朋友也没有最后完成，只能暂且放在一边。

至于薛慧山画展的宣传册页，梁秋实先生所写的《薛慧山先生画展序》，则让我眼前一亮。文章不长，照录如下：

薛慧山先生的画，有逸气。

薛慧山先生畫展序

薛慧山先生的畫，有逸氣。

我曾看冬心册頁，有一幅墨梅，老幹一兩枝，寒花三五朶，以其獨特的鐵畫銀鈎的筆法題了一段頗不尋常的文字，其詞曰：「晴窗呵凍，寫寒梅三數枝，寫吾胸中逸氣，勝似與貓兒狗兒盤桓也。」所謂貓兒狗兒，意別有指，因為真的貓兒狗兒時常是很可愛的。所謂逸氣，是超脫世俗的一種氣質。不拘格局，大胆的揮灑筆墨，攄發一己的感情與想像，顯示自我的胸襟與人品，這就是寫胸中之逸氣。

我說慧山先生的畫有逸氣，就是因為他的畫，無論是山水或翎毛花卉，永遠是疏疏落落，寧簡勿繁，寧素勿絢，自有一種脫略凡瑣超然遠舉之致。他畫的長臂猿，獨步一時，或懸投，或跳跟，或飛躍，或蹲伏，或嚙食，或掬飲，曲盡其致，而着墨無多。我三過巫峽，未見一猿，未聞到一聲猿啼，每看慧山先生畫猿，輒能想像「兩岸猿聲啼不住，輕舟已過萬重山」的意境。昔人畫猿，代有名家，如北宋之易元吉，南宋之牧谿、梁楷，惟狀長臂猿之輕揉矯捷，百態俱臻，唯妙唯肖者，吾尚未之前覩。

八大山人畫鳥，常是無名之鳥，巨喙圓睛，咄咄逼人，作嗔脫之狀，有時又是羽毛零亂，縮頭縮腦一幅哽咽蕭瑟的神情，自寫胸中逸氣。慧山先生畫鳥，似是頗得個中三昧，他有一幅鳥鴉，胡適之先生題句「我不能呢呢喃喃討人家的歡喜」，這是胡先生的名句，題在慧山先生畫上，相得益彰。

冬心性格通悄，被人目之為迂。八大隱遯人間，有難言之痛。慧山先生的畫儘管是充滿逸氣，其爲人也，却是冲和平正。他挾着一支畫筆，走遍天下，曾在廿五個國家開過畫展，所至有聲。最近，又赴歐洲、英、法、德、總各國旅行考察。他的遊蹤所至之處，所有山水名勝文物無不刻意瀏覽，爲文報導趣味橫生。最奇的是他不諳任何外語，不識任何外文，即國語亦帶濃重的無錫鄉音，非一般人所易通曉，但是他器字昂藏，豐神爽朗，行萬里路了無滯礙，先生眞奇人也。

先生年逾古希，倦遊歸來，出其近作以示國人。因綴數語，表示欽遲。

梁实秋《薛慧山先生画展序》

我曾看冬心画册,有一副墨梅,老干一两枝,寒花三五朵,以其独特的铁画银钩的笔法题了一段颇不寻常的文字。其词曰:

"晴窗呵冻,写寒梅三数枝,写吾胸中逸气,胜似于猫儿狗儿盘桓也。"

所谓猫儿狗儿,意别有指,因为真的猫儿狗儿时常是很可爱的。所谓逸气,是超脱世俗的一种气质。不拘格局,大胆的挥洒笔墨,抒发一己的感情与想象,显示自我的胸襟与人品,这就是写胸中之逸气。

我说慧山先生的画有逸气,就是因为他的画,无论是山水或翎毛花卉,永远是疏疏落落,宁简勿繁,宁素勿绚,自有一种脱略凡琐超然远举之致。他画的长臂猿,独步一时,或悬枝,或跳踉,或飞跃,或蹲伏,或啮食,或掬饮,曲尽其致,而着墨无多。我三过巫峡,未见一猿,未闻到一声猿啼,每看慧山先生画猿,辄能想像到"两岸猿声啼不住,轻舟已过万重山"的意境。昔人画猿,代有名家,如北宋之易元吉,南宋之牧谿、梁楷,惟状长臂猿之轻柔矫捷,百态俱臻,惟妙惟肖者,吾尚未之前觏。

八大山人画鸟,常常是无名之鸟,巨喙圆睛,咄咄逼人,作嗔睨之状,有时又是羽毛零乱,缩头缩脑,一副哽咽萧瑟的神情,无非是借题发挥,自写胸中逸气。慧山先生画鸟,似是颇得个中三昧。他有一副乌鸦,胡适之先生题句"我不能呢呢喃喃讨人家的欢喜"。这是胡先生的名句,题在慧山先生画上,相得益彰。

>冬心性格逋峭，被人目之为迂。八大隐遁人间，有难言之痛。慧山先生的画尽管是充满逸气，其为人也，确实冲和平正。他挟着一支画笔，走遍天下，曾在廿五个国家开过画展，所至有声。最近，又赴欧洲，英、法、德、意各国旅行考察。他的游屐所至之处，所有山水名胜古迹文物无不刻意浏览，为文报道趣味横生。最奇的是他不谙任何外语，不识任何外文，即国语亦带浓重的无锡乡音，非一般人所宜通晓，但是他气宇昂藏，丰神爽朗，行万里路了无滞碍，先生真奇人也。
>
>先生年逾古稀，倦游归来，出其近作以示国人。因缀数语，表示钦迟。

我给梁先生女公子梁文蔷女士发去邮件，报告这一发现，她次日即回复说：

>我详细读了这篇序文，我以前未曾读过，签名是他的，文字也是他的，没错。我父亲的文集太多了，有他自己编的，更多的是别人编的。我无法知晓此篇曾否被编入文集。

经过一番检索，可以确定，这篇不足八百字的序言，不见大陆出版的梁先生任何文集。不过，正如梁女士所言，梁先生出版的文集太多，台湾地区更有不少，大陆难得一见。于是，我请在台南大学执教的许舜杰博士帮忙检索一下台湾的相关资料。许博士很快给了我回复：没有找到此文在台湾结集的线索，但发现台湾师范大学数位校史馆"梁实秋文物"里所收藏的一篇剪报《写吾胸中逸气——看薛慧山画集》，内容与《薛慧山先生画展序》基本一致。遗憾的是，剪报并没有标明发表时间及出处。于是，只能再次向梁文蔷女士请教。梁女士收到我的邮件后，当即给台湾师范大学数位校史馆发邮件询问，并很快发来邮件，告知我查询结果，附件里就有发表在1984年1月2日《中国时报》副刊"人间"上的《写吾胸中逸气——看薛慧山画集》电子文档。

经过对照，两篇文章内容大体一致，只是在最后一段略有不同。序言中"曾在廿五个国家开过画展"，剪报里为"曾在十六个国家开过画展"，或者是剪报里的统计数字有误，也可能说明画展宣传册页印制时，与剪报发表之日已有相当一段距离，薛慧山所开画展的国家已经增多！此外，剪报中在"但是他气宇昂藏"之前，还有"眇一目，耳重听"六个字[1]，或许画家本人觉得有损形象，在册页的序里省略了。当然，剪报最后一段"先生年届古稀"，到了册页的序里，也变成"年逾古稀"，这和前述开画展的国家由十六个改为廿五个，是同一个道理。在画册中的"薛慧山画历"中，有"一九八四：台北画展"字样，说明梁实秋《中国时报》所发表的《写吾胸中逸气——看薛慧山画集》，应为此次画展所写，此后收入画展宣传册页，不过代序而已。而"薛慧山画历"最后一笔记载，是"一九八七：旅行法国、英国、

---

[1] 根据薛慧山1930年代无锡《锡报》同事孙云年所写的《港台著名画家薛慧山》（载《无锡县文史资料第十辑　台港及海外人物专辑　乡思集》，1992年），薛慧山"目力欠佳，患了老年白内障，对绘画有影响"。

德国、瑞士、意大利、荷兰等各国",由此可以推断,画册宣传册页印制时间当在一九八七年之后。至于具体时间,尚待查明。

梁实秋对薛慧山赏识有加

再回到梁实秋先生的序言来。这篇代序,其实就是梁先生的一篇绘画评论。以前,我读过梁先生的一些散文,知道他艺术造诣极高[1],1987年冰心作序的梁实秋《雅舍小品选》[2]里收录有《读画》一文,或许就是这篇名作结集后第一次与大陆读者见面,此后该文至少已经在大陆一百多个选本中出现过了。在《读画》一文中,梁先生就谈及过上述序文中的金冬心的墨梅,可见此画给他留下的深刻印象。梁先生为薛慧山的绘画写评论,从一直所关注的金冬心的墨梅说起,是因为这画有这么一段题词:"晴窗呵冻,写寒梅三数枝,写吾胸中逸气,胜似于猫儿狗儿盘桓也。"他认为,薛慧山的画,就是有"逸气"。

凡文人、画家,出本书,布个展,相互捧场,奉上几句恭维话,甚至说上一些过头的溢美之词,司空见惯,鲜能免俗。但梁实秋对薛慧山画猿的评价,并非泛泛之词:

---

[1] 梁文蔷女士2018年9月30日给笔者的邮件里说:"我父亲不是画家,他很少画画,只偶尔画两笔小幅墨梅(见百花版《春华秋实》第61页,或北方版第59页;或春风文艺出版社《雅舍小品》插图版封面),所以不能称他为画家,不过他懂画。也常为人题画。有求必应。"("百花版《春华秋实》"指百花文艺出版社《春华秋实:梁实秋幼女忆往昔》,"北方版"指北方文艺出版社《春华秋实》——编者注)
[2] 人民日报出版社。

我三过巫峡,未见一猿,未闻到一声猿啼,每看慧山先生画猿,辄能想象到"两岸猿声啼不住,轻舟已过万重山"的意境。昔人画猿,代有名家,如北宋之易元吉,南宋之牧谿、梁楷,惟状长臂猿之轻柔矫捷,百态俱臻,惟妙惟肖者,吾尚未之前觏。

之所以这么说,还是有其他佐证的。1980年1月21日新加坡《星洲日报》曾刊登有高阳的《文人画家薛慧山——台北展出纪盛》一文,就有如下一段记录:

一向鲜为人题画,享誉世界文坛的梁实秋特别为慧山的巨幅群猿图题曰:"薛侯擅丹青,落笔何灿烂,大树长峥嵘,猢狲永不散"。另一幅"松瀑图",梁氏题曰:"几棵松树无一语,瀑布飞流争喧豗"。

梁实秋1980年代为香港《大成》杂志创作十周年所写《大成十年》,则有如下一段话:

画家薛慧山的几篇游记,记录海外风光,兼及艺事珍闻,文章雅洁,不同凡响。先生不谙外语(国语亦不流利),而挟其画艺经常不断的只身作万里游,异人也。[1]

---

[1] 《梁实秋散文集·第2卷》,时代文艺出版社,2015,第78页。

又是"不同凡响",又是"异人",梁先生对薛慧山的欣赏,也算是不吝赞美之词了。

一生三世的薛慧山

至于薛慧山,虽然他早年上过无锡美专(钱松岩的学生),后又在1932年转入苏州美专(和钱定一、胡金人同学),但毕业后多年并没有从事绘画工作,而是从事新闻及副刊编辑工作。对于这一选择,他曾在文章中提及:

> 不论西画、国画,有什么用呢,那呕血的创作,至多做了个人书斋中的装饰品而已。倒不如以文字暴露现实,发泄苦闷较为干脆得多!于是,我丢了油彩的笔,开始执起了墨水的笔。然而又谁知,这一支笔从此消磨了十年的青春![1]

当时的薛慧山,还叫薛白雪,他十五岁开始报馆生涯,天赋加努力,在无锡、苏州新闻界做得风生水起,有"无锡才子"之称。九玉淇曾回忆说:

> 薛白雪原来是苏州美专的学生,所以他时常去网师园的殿春簃采访张氏昆仲,有时我也跟着他去走走,因此,也就

---

1 薛慧子:《十年哀乐》,《太平洋周报》1943年第1卷第55期。

认识了善孖与大千两位先生。[1]

关于和张大千结识的经过,薛慧山本人也有回忆:

> 我当时不过是十几岁的大孩子,正负责主编《吴县日报》副刊。虽是年轻幼稚,却蒙大千先生邀来做客,深觉腼腆不安。大千先生两眼炯炯,谈笑爽朗之中,特地向座上的前辈诸公为我介绍说:"这位薛先生年纪最小,但写起书画评论来,倒是一支敢言的健笔。后生可畏,谁都逃不了他的品评月旦呢!"[2]

关于薛慧山重新拾起油彩的画笔,恕我孤陋寡闻,尚未见到他本人的说法,但是被诩为吴门画派海外"重镇"的画家周士心,在《周士心谈艺录》中提到他和张大千合作的《秋山萧寺图》时如是说:

> 这幅画是由薛慧山兄借去挂在他家的壁上观摩的。自从一九五四年四月,他看了我的画展之后,说要"重温吴门二十年旧梦",真的到集大庄买了宣纸笔墨,开始绘画,时常在张碧寒、林千石、万一鹏、彭昭旷诸兄及我家出入,借

---

1 尤玉淇:《三生花草梦苏州上》,古吴轩出版社,2011,第27页。
2 薛慧山:《半世纪翰墨缘》,载全国政协文史和学习委员会编《回忆张大千》,中国文史出版社,2015,第183—185页。

材料参考图籍或原作,揣摩学画。是年张大千先生从南美返港,与旧友晤叙,仍借居乐斯酒店,慧山时常就近往访,并陪同大千先生看觉士道通柯士甸路一条小径上的松树。这棵松树伟岸奇崛,颇有姿态……[1]

十九岁时在苏州网师园采访张大千的薛慧山恐怕不会想到,时隔二十年,他重新拾起画笔后,又能再次和张大千重逢,并得到后者的指导和提携。查阅某旧书网已售出的薛慧山致钱定一信中,也有如下叙述:

> 弟从小失学,学画又荒疏无状,在香港流浪时期,老友大千频予指导(半世纪前网师园相识),多年后又遇到溥心畬,走上"文人画"路线,薄具声名。

对于薛白雪,沪上新闻界前辈冯英子在回忆早年新闻生涯时也多有提及:

> 我在苏州时的朋友薛白雪,他原是苏州《吴县日报》的副刊编辑,因思想左倾被停了职的,抗战开始后,他投笔从戎……八月份,薛白雪要离开汉口,去广东找工作,原来他不习惯于戎马生活,还是想做新闻记者,洪深替他写了封介

---

1 香港商务印书馆,2000,第162页。

绍信,要他去广州去找夏衍,因为夏那时正在办一份《救亡日报》,不妨去碰碰运气。

白雪走的前一天,我们几位苏州青年在江汉路的菜根香素菜馆为他送行,那一天不知什么缘故,他好像多饮了几杯酒,对于当前的战争非常悲观,高歌当哭,声泪俱下,我们那时以为这只是临别时情绪激动的缘故,没有想到,这种悲观失望的情绪,终于成为他后来投入汪精卫怀抱的基础。[1]

(《吴县日报》)副刊比较生动活泼,偏重于文艺作品,作者与读者较多是工商界的青年。副刊主编薛白雪,也因此以"思想问题"一度被捕。(关于这个人,这里附带说一说,30年代,他是一个颇为进步的青年,但却带着不少浪漫主义的色彩,他喜欢陆放翁、苏曼殊的诗,以为自己就是苏曼殊了。抗日战争开始之后,他在国民党部队中作政工人员,后来却到了广州,到了香港,而且也终于到了上海,成为汪精卫的亲信,跟汪精卫去过日本,作过汪伪的江苏省党部委员和铜山县县长。建国以后,听说又在香港办报,用"斯人"的笔名大写其反共文章了,人之善于变化,这倒是一个很典型的角色)。这在当时是很得到青年读者同情的。[2]

---

[1] 冯英子:《白头记者话武汉》,载中国人民政治协商会议湖北省委员会文史资料研究委员会编《湖北文史资料 一九八七年第二辑(总第十九辑) 纪念"七·七"事变五十周年专辑》,1987,第132—133页。

[2] 冯英子:《回忆苏州的新闻事业》,《钟山风雨》2005年第2期。

冯英子谈及8月份在汉口与薛白雪的见面,应为1938年,当年6月4日《大公报》(汉口版)副刊上,还刊出有署名"白雪"的抗战文字《血的十字架》。此文薛慧子1943年在上海《太平洋周报》1卷55期发表的《十年哀乐》一文中还有提及。

1994年10月30日,冯英子在上海写下悼念薛白雪的文章《白雪飘飘》[1]一文,缘由是"得到尤玉淇同志的来信,说白雪病死于台湾"。从这篇文章看,冯英子有一段时间对薛白雪沦陷期间投入汪伪怀抱是很不能原谅的,甚至用语十分激烈:

> 抗战胜利之后,我回到江南,但不知道白雪的消息,我也当他死了,一个汉奸,一个不齿于人类的狗屎堆,我能当他作朋友么?

原来,1952年春,冯英子在香港筹备《周末报》内迁工作时,穷困潦倒的薛白雪曾来找过他。他劝薛也设法回国,认为"只要把问题讲清楚了,应当是有出路的",甚至还借给了对方几十港币。不料,等冯英子回到上海,才知道薛后来在香港办了一份《真报》,用笔名"斯人"大写反共文章,不禁叹息薛"聪明面孔笨肚肠","真是徒唤奈何,不知如何是好"。

对于重新拾起油彩画笔成为画家(当然也没有放下墨水之笔)的薛慧山及其后种种,甚至改名的事情,冯英子原来也是清

---

[1] 《风雨故人来》,山东画报出版社,1998。

楚的。他在《白雪飘飘》一文中写道:

> 前几年,我正在《新民晚报》工作,有一天,白雪忽然由二位亲戚伴着,前来看我,当年侧帽吴儿,而今白发老翁,我虽然不能忘掉他那一段不光彩的历史,然而毕竟是彼此都老了,一个年老的人,更多有一点宽容精神,我还能说什么呢?
>
> 从白雪的名片上,知道他现在改名为慧山,是台湾一个什么学会的会长。他告诉我,在台湾主要是画画,也同张大千合作过,他回来之后,想在上海开个画展。

我收藏有一封薛慧山7月26日从无锡写给上海画家钱定一的信,收寄邮戳为1990年7月30日,落地邮戳为1990年8月1日,其中有明春"清明以前,弟将去申,先在申留几天,晤晤老友,除兄以外,新闻界冯英子兄(新民晚报)理当一晤"一语,就此推论,冯薛再会应为1991年清明之前,时间节点也与冯英子1993年从《新民晚报》离休符合。冯英子回忆说,薛白雪"对那段不光彩的历史,很有惶惭之意",还引吴梅村的"一钱不值"以解嘲。此时,冯对薛的态度已经转变很多,他想到"我们这些人,好比太阳快下山了",希望薛还是设法回来,回到故乡无锡去过一些安定的日子,并欢迎他到上海开画展,希望他的作品"得到理解,受到欢迎"。薛也答应说,回到台湾处理一些事情后,会争取回来。未曾想到,冯薛此会后一别,竟成永诀,"慧山没有回到他的惠山,客死异乡,永成孤魂了"。

冯英子的文章最后写道:

> 据尢玉淇先生告诉我,白雪开头对于回苏州也有点恐惧,他怕苏州的朋友不谅解他。这倒说明他毕竟是个知识分子,还有一点羞耻之心,我看到不少做过汉奸的人,依然在社会上大摇大摆,装模作样,卖弄他们的什么艺术,那么白雪还不失其赤子之心。吴梅村诗云:"误尽平生是一官,弃家容易变名难,松筠敢厌风霜苦,鱼鸟犹思天地宽,鼓枻有心逃苇里,推车何事出长干。旁人休笑陶弘景,神武当年早挂冠。"我以此诗悼白雪,但觉凄怆欲绝,不尽依依!

蔡登山先生最近出了一本新书,名字叫《一生两世》。在蔡先生看来,中国近代史上,有一群文化人,他们或为诗人、文人、报人、小说家、政论家、翻译家、编辑家,在各自的领域本该卓有成就,却因变节附逆而为后人所不齿,他们的文化贡献和人生经历被选择性地遗忘,然而时代前行,这段被掩埋的历史记忆,需要重新还原!薛慧山从进步文艺青年,到汪精卫御用新闻记者,再到知名画家,可谓"一生三世",同样也不应被简单遗忘。

2018年9月—2019年9月于南京

臧克家被查禁的《神经病的特效药》

前一段时间,摔伤了膝盖,不得外出,只能埋头在故纸堆里。突然,1946年4月21日上海出版的《中华时报》试刊号上的一个标题《神经病的特效药》吸引了我的注意。文艺副刊出现这么一个题目,肯定不是医药健康之类的偏方或新发现,而是针砭时弊的杂文。细读之后,果然如此。而最令人惊喜的是,此文的作者竟然是诗人臧克家。就我这几年翻阅过《臧克家全集》的印象,似乎未见过此文。

于是在微信上给臧克家的大女儿臧小平大姐留言,问她是否知道此文。但等不及她的回话,还是登录了号称目前世界最大的中文在线数字图书馆之一的超星数字图书馆查询。果然,2002年时代文艺出版社出版的12卷本《臧克家全集》没有收录这篇文章,这些年来,也没有现代文学史料研究者发现、钩沉过此文。不过,在超星数字图书馆里,还是有一个重大发现——《抗日战争史新论》[1]一书收有袁润芳、方庆秋的《抗战期间国民党的书刊审查制度及其实施概况》一文,在"禁印扣留进步作家书文稿"一节里透露,"中审会"(国民党中央图书杂志审查委员会)在

---

[1] 江苏省中共党史学会、江苏省中国现代史学会编,南京工学院出版社,1986。

抗日战争期间通过《图书杂志原稿审查办法》，扣留了大批书文稿件。其中除了少数日伪汉奸文稿和反映国民党内部派系斗争的一些文稿外，绝大多数是革命进步书刊稿件。臧克家的杂文《神经病的特效药》，就是被冠以"恶意抨击政府"的罪名，被"予以免登"（见该书第376—377页）！

根据这一线索，经过进一步查询，发现仅印八百册的《中华民国史档案资料汇编　第五辑　第二编　文化（一）》[1]，对此也有记录。在这本书的三十四篇"扣留文稿略例"中，臧克家被扣留的文稿除了《神经病的特效药》外，还有诗作《大雪后》和《侧起耳朵瞪着眼睛》。

《大雪后》一诗有个注释，称：

> 此诗稿系1944年6月5日《青年知识》第1卷第1期送审稿。国民党中央图书杂志审查委员会认为：该诗"触犯禁载标准第十项第一条，应予免登。"（第1021页）

《大雪后》1947年收入臧克家上海星群出版社出版的诗选《生命的零度》时，改名《雪景》；2002年，《臧克家全集》出版时编者注明"本诗发表时题为《大雪后》，收入《生命的零度》时改为现题目"。

也算凑巧，我前不久才看到过，1946年6月11日的上海《和

---

[1] 中国第二历史档案馆编，江苏古籍出版社，1998。

平日报》副刊上以头条位置刊出《大雪后》。如果不被查扣，它本应在此前两年就刊登了。从"1944年6月5日《青年知识》第1卷第1期送审稿"字样看，这本《青年知识》想必当时是在大后方出版。但1944年出版的《青年知识》遍觅不得，只找到1945年7月15日重庆出版的《青年知识》1卷1期，刊登有郭沫若、臧云远、艾芜等作家的作品。这一期的"编后记"里，有这么一句意味深长的话："原来在文艺方面，还有臧克家先生的两首诗，可惜无法登出。"无法刊登的，并非杂文而是诗歌，个中原因，又是什么？盼高明者，多多赐教！

臧克家被查禁的另一首诗《侧起耳朵瞪着眼睛》，注释说"此诗系1945年5月1日国民党中央图书杂志审查委员会扣存的《天下文章》第2卷第5期送审稿"。就我目力所及，《天下文章》第2卷只有5、6期合刊，发表有臧克家的诗作《擂鼓的诗人——寄闻一多先生》。或者这个刊物也是因为审查受阻的原因，才会把两期合起来出版。这首诗收入《臧克家全集》时，题目为《侧起耳朵，瞪着眼睛》，编者注云："本诗发表时题为《侧起耳朵，瞪起眼睛》，收入《宝贝儿》时改为现题目"。

《侧起耳朵，瞪起眼睛》最初的发表地，正是我目前所服务单位的报纸《新华日报》，当然当时在重庆出版，时为1944年12月24日。吕进、熊辉、张传敏等著《重庆抗战诗歌研究》[1]，评论此诗"对祖国大好河山大片的沦亡也表达了同样热切的忧思"，

---

1 西南师范大学出版社，2009。

但不知什么原因，竟然把这首诗归在诗人艾青名下（见该书第222页）。

至于《神经病的特效药》，"扣留文稿略例"中题目后有"1944年 月 日"字样，表明送审时间在1944年，但没有送审报刊名称；文后则有"［国民党中央图书杂志审查委员会档案］"字样。根据前述《抗战期间国民党的书刊审查制度及其实施概况》透露，这篇文章被扣留的原因是"恶意抨击政府"。确实，读者看到文章的结尾：神经病的特效药——十分简单，"民主"就尽够了，心中自然就有了答案。

最后，有必要说一下发表《神经病的特效药》的《中华时报》。《新闻传播百科全书》[1]是如此介绍此报的：

> 中国青年党出版的报纸。1946年5月在上海正式创刊（4月21日开始出试刊号）。历任发行人有左舜生、宋益清、左干忱，总编辑崔万秋等。初以中间党派的政治面目出现，调停于国共两党之间。内战爆发后，则倒向国民党统治集团一边。1949年5月上海解放前夕停刊。（第648页）

《中华时报》试刊当日，就刊登了臧克家两年前被冠以"恶意抨击政府"罪名而遭查禁的文章。该报5月4日正式出版第1号后，次日出版的第2号上又再次刊登了《神经病的特效药》（有

---

[1] 邱沛篁、吴信训、向纯武、张惠仁、曾繁铭、吴建主编，四川人民出版社，1998。

个别字词的不同）。凡此种种，不难判断此稿并非自由投稿，而是约稿，而短时间内重复刊登，恐怕多少与上文所述该报"初以中间党派的政治面目"出现有关。当然，也多少反映了当时《中华时报》总编辑崔万秋的态度。崔万秋是民国知名的报纸副刊专家，30年代主持上海《大晚报》副刊时就延揽了大批左翼作家的稿件。《中华时报》甫一创刊，副刊作者除了臧克家外，其他进步作家王亚平、林焕平、陈白尘、丁易、任钧、曾卓、邹荻帆等也纷至沓来，颇可说明问题。

关于那个时期《中华时报》及崔万秋的立场，方庆秋主编《民国党派社团档案史料丛稿 中国青年党》，收录有《国民党中央联秘处关于〈中华时报〉内部倾轧的专报（1947年3月30日）》，不妨兼听之：

> 青年党上海机关报《中华时报》除社长左舜生兼外，其内部负责人大部为该党重要份子，近以观点不同而发生磨擦。其总编辑崔万秋为该报左派人物，其所引用之编辑记者均为崔之学生，思想亦趋激烈，其副社长宋涟波所领导者为右派，亦即代表青年党正统思想者，故宋派人常目崔派人为小共产党，因此感情不洽。3月4日，崔派杨濂沅之所编《华国》副刊，登有黎焚薰（化名李卉）之《黑夜的绅士》一编，暗中影射青年党之投机，并讽刺副社长宋涟波。刻宋已向左舜生提出严重交涉，并待崔自日本返国后解决。此一问题，左氏除极力调解外，并亲拟启事一则，登于3月11日副

刊栏内，表示歉意。目前双方暗斗，仍在高度酝酿中。

[国民党党务机关档案，《党派活动专报》1947年第13期][1]

2019年2月2日南京

附：

神经病的特效药

臧克家

一位新结识的朋友来谈天，谈到"神经病"的题目上来了，这位朋友，是当代权威的心理学家，对于这个内行话题，谈得很起劲。本来处在这样一个非常的时代里，精神物质生活处处给人刺激，每个人的心理都有点不正常，夸张一点说，人人都有几分神经病，人人都或浓或淡的带点疯狂心理。但，这还算得是"非常时代"中的"正常"的。他因为是专家，所以"神经病"患者的亲友便常找到他，因此，他有机会接触许多的病人，和他们作倾谈，这些谈话都是很有意味的，除了少数情形特殊的以外，大部分的病态都有点相仿。譬如，怕见黑影，说黑影里伏着人要暗杀他，走路的时候，三步两步一回头，仿佛有什么跟在身后，叫他到屋子里去坐，他回答"你叫我去坐监牢"。这种情形，一个健全的人看来也许很可笑，可是，病人的每个举动在他自己并不觉

---

[1] 档案出版社，1988，第299页。

得可笑。正像一个痊愈了的病人所说的:"我旅行在另一个世界。"在这个世界里的人们,他们自己觉得自己一切都是正常的。从这个世界到另一个世界的道路,也就是病态演进的道路。我们要问,一个人为什么好好的会变成疯狂?会从这一个世界到另一个世界去呢?这,病况就是最好的解答。为什么病人怕黑暗里有人要暗杀他?为什么他老怀疑有人跟他?他为什么怕坐牢?这种心理,不会是病人平想出来恐吓自己的,一定是先有事实,先有这种可能性,它反映、积压在心头,一旦爆发了,便被人称作"疯子"。这种"时代的疯子"太多了,天天在酝酿、发生,因为时代、环境,就是他最好的温床。

我问那位朋友,对于这种病可有什么特效药?他,摇了摇头。他说:我对他们开了单方一味:静养。因为这些病人,不是什么营养不良,多吃滋补品就可以好起来,必须减少刺激,使神经平复,祛除心上的阴影,将疫根拔去。

"那么,怎么才可以做到这样?"

说来也十分简单:"民主"就尽够了。

(原载1946年4月21日《中华时报》,再刊5月5日《中华时报》。本文整理以后者为准。)

吴宓与日记里的张天授

——兼及吴宓在《重庆日报》写了什么

重庆诗人张天授,20世纪30年代曾在先父吴奔星主编的《小雅》诗刊上发表过作品。他也是横跨《现代》(施蛰存主编)、《小雅》和《诗志》(诗人路易士主编)的诗人,并曾在1937年5月把刊发自己诗作的《诗志》第1卷第3期送给诗人陈梦家(此册杂志2005年在网上拍卖),并希望借阅陈的《歌中之歌》。由于旋即发生"七七事变",张、陈先后前往后方,此后是否还有交往,未见书面记载,不过,两位诗人的渊源,整整二十年后,又因吴宓先生而连结在一起,始终未断。吴学昭所著《吴宓与陈寅恪(增补本)》[1]透露:

> 五月二十日,父亲接到《重庆日报》记者张天授剪寄一九五七年五月十七日上海《文汇报》载陈梦家撰《慎重一点改革文字》文,又同日上海《文汇报》北京专电《首都学术界激烈争论"汉字要不要改革?"记》。父亲"读此剪报,始知宓一向太过慎重,太为畏怯,愧对自己平生之志事

---

1 生活·读书·新知三联书店,2014,第365页。

歌

吴兴华

爱情那池沼的紫影,
爱情那浃日的西方,
爱情那森林的沉静。
而念到两岸的悠长。
爱情那倩幽的菖尾,
逆波洗濯着的芦苇,
爱情那深砍的星宿,
掩映着天河的露水。
爱情那风里的铃铛,
爱情那迢递的指点;
啊爱情那远行的人,
记忆里的模糊的脸。

紫丁香

张天授

——梦羽夷

日子随着风去了,
「什麽」也留不住半点陈迹。
紫丁香,
开着星星似的花,
谢了
枯了

落霞向我说:
「太阳掉到山坳里去了,
你还留恋什麽呢?
××××!」

二十四年秋北平

张天授在《小雅》第二期发表的诗作《紫丁香》

矣。即致唐兰、陈梦家一函,述感佩之意。写示'不死惊看汉字亡'一诗"。

初略翻阅《吴宓日记续编》第三册[1],涉及张天授之处颇多,张首次亮相吴宓日记在1956年11月3日晚:

其间《重庆日报》记者张天授(巴县人,复旦毕业)[2]来,久坐,询宓埃及文化历史。宓具答。又询宓对英法侵略埃及之感想,宓亦答如众之所同感。又读毕拉丁文两课。续晨乃寝。

张天授:以强人所难面目出现

到了1957年4月20日的日记,张天授则以一个强人所难的面目出现:

(晚)8:00《重庆日报》记者张天授来,强宓谈(1)学习毛主席内部矛盾演辞之感想。(2)反对汉字拼音及简字之理由。(3)《学衡》之内容及宗旨。(4)《吴芳吉诗集》,等。宓久谈,甚倦且苦,且(2)题令宓十分痛愤激昂,大损宓之精神及健康。至10:30授始去,宓寝已11时过矣。

---

1 吴学昭整理注释,生活·读书·新知三联书店,2006。
2 括号内字字号小,应为备注解释。——作者注

原来，从此前吴宓先生日记看，他对汉字改革（简化字或汉字拼音化）始终持保留态度，甚至曾有"今文字改革行，宓极愤恨，几欲造反或自杀"的过激之语[1]。因此，他对张天授要他说出"反对汉字拼音及简字之理由"，感觉"痛愤激昂"自然顺理成章。当然，我们现在不知道当天吴宓和张天授就"反对汉字拼音及简字之理由"究竟谈论了什么，不过，张天授5月20日把5月17日上海《文汇报》刊登陈梦家《慎重一点改革文字》剪报寄给吴宓，起码从张身为记者的角度看，他应该还是希望吴宓就此发表观点的。只是不知道那个时候，张天授和陈梦家是否还有联系，他是否还曾记得二十年前寄赠过刊登自己诗作的《诗志》给陈梦家？

再看吴宓4月24日日记，记载有"晚饭后，张天授来，出示其为《重庆日报》所撰稿，宓再三恳阻勿登，允他日另撰文供给，卒扣留其稿（副本），授允电报馆勿刊登此件而去"。为什么吴宓"再三恳阻勿登"张天授此前采访他的文章，恐怕还是应该和"反对汉字拼音及简字之理由"这一论题有关，从吴宓此前日记上谈到汉字改革的过激态度看，他当着张天授的面也难免说出一些出格的话来。好在他冷静下来之后，能够"恳阻勿登"，并扣留其稿（副本），同时还答应"他日另撰文供给"。于是，到了5月4日，我们就在日记看到吴宓详细记录的为《重庆日报》

---

[1] 见《吴宓日记续编》第二册，生活·读书·新知三联书店，2006，第397页。

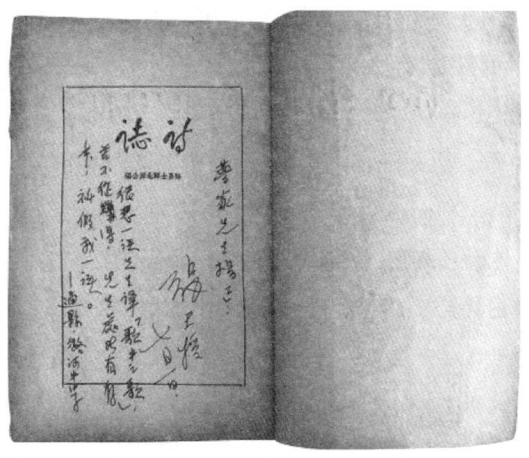

张天授签赠给诗人陈梦家的《诗志》

撰文情景：

> 上午撰《毛主席讲话对我之启示》一文，应《重庆日报》四月三十日来函征求，11：00文成，约1400字。即至教务处，拟求敬代为审政，不遇，乃至和平村十二舍楼下，访刘又辛，求其审定。辛主张删去中间举例之一段，又修改词句数处，宓悉从之。
>
> 回舍，午饭后，作函致张天授，连同宓所撰文（今余900字），邮寄重庆解放西路88《重庆日报》政教组收。宓自送信至北碚邮局。

日记中的"敬"，就是时任西南师范学院教务长的诗人方敬，他一向尊重吴宓。刘又辛，时任西南师范学院中文系教授、汉语教研室主任。

5月16日，吴宓日记中又专门谈及文字改革问题：

> 专访陈行可，畅谈简字问题。共认今之推行简字者，其意实图扰乱且破坏汉字，以成汉字拼音，汉字拉丁化之功，俾全世之共产主义国家悉用同一之语文耳。吾侪诋斥简字，则不敢明言其如此，是以为难，而滔天之洪流莫可遏矣！

这是吴宓对汉字简化尤其是拼音化的内心写照，当然，他当面对张天授未必"敢明言其如此"，但冲动之处实则难免。到了

6月14日,鸣放形势有所变化,吴宓日记中谈及文字改革的口气也有所不同了:

> 近日"鸣放"之情势及方向骤变,各地工人及民主党派一片检讨斥责之声,斥责章伯钧、储安平、葛佩琦、董时光等"右派分子"为反党、反工人阶级、反社会主义,要求惩办。即本校教授如陈东原、罗容梓等,主张校内可不设党委会领导者,亦横遭非议。于是"鸣放"之事遂息,加强政治学习、思想改造,与再行肃反澄清,将继之而起。目前实际之结果,惟学生得"减轻考试负担"而已。宓于是不得不服周邦式之老成谙练,而自幸谨慎和平,尚无过分之言论,差可免祸全身也矣。今后恐即文字改革亦不敢参加异议,舍"忍舍止默"外,无他途也。

吴宓日记中张天授最后一次来访在当年7月25日:

> 10:00至12:00《重庆日报》记者张天授如约来,宓综答其所问,谈话录粘存。张天授君对宓约定:(1)以上皆不发表;(2)即采用,亦只选取宓之"正面"议论;(3)在《报》中刊出之稿,必先寄宓审阅过。

从日记中张天授和吴宓的约定来看,他和4月份前来采访,强迫吴宓谈几个问题,已经有很大不同。不过,这一次,吴宓确实没有接受张天授约稿,再给《重庆日报》写稿了。

吴宓寄陈梦家信函退回的奥秘

到了8月2日,日记中出现这么一则记录:

> 宓五月十七日寄唐兰、陈梦家函,今以欠资退回,或系邮票脱落之故。糨糊不良。

这是件很有意思的事情。5月20日(吴宓误记为17日)寄往北京给唐兰、陈梦家的信函,竟然经过两个半月的时间才因"欠资退回",没有经历过那个时代的人,恐怕殊难理解。我小的时候,住家和先父所在大学收发室的负责人(一名中年男人,却织得一手好毛衣)是邻居,得以经常出入收发室,见过不少标识"欠资"的信函。这种欠资的信函只要收信人补足邮费,就可以领取,似乎过了一定的时间(不记得是否是两个月时间),就会按规定退回给发件人。

关于欠资邮件,《兰州市志 第二十二卷 邮政志》[1]留下"邮电部邮政总局"的一些规定:

> 1950年6月3日,邮电部邮政总局规定:未纳足资费的水陆路及航空函件,一律退回补足再寄;无法退补时,加盖

---

[1] 兰州市地方志编纂委员会、兰州市邮政志编委员会编纂,兰州大学出版社,1996,第169页。

"T"字戳记，按欠资处理。7月，邮政总局发布《国内欠资邮件处理办法》。未付或未付足邮资的邮件，加盖欠资戳记，批注欠资数，向收件人加倍收取。投递时，欠资邮票贴在邮件上盖销。如收件人拒付、拒收或改寄时，欠资邮票注销作损失入帐。部队、机关、学校转交的欠资邮件，通知收件人来局领取。1954年8月，邮政总局颁布《关于欠资邮件制度问题》，改善欠资邮件处理的具体办法。1958年7月5日起，欠资邮件只收欠额，取消按所欠资费额加倍收取的规定。

由此看来，1957年吴宓写给唐兰、陈梦家的信，按上述规定，属于部队、机关、学校转交的欠资邮件，应通知收件人来局领取（也有可能被送到单位的收发室待领，由单位收发室负责收取欠资，然后和邮局结算），所"欠资"会向收件人加倍收取。此信抵达北京，正逢反右斗争高潮，对文字改革曾有共同见解的唐兰和陈梦家已经分道扬镳，前者还写过一篇宏文《右派分子陈梦家是"学者"吗？》[1]，此时此地，谁会肯补足加倍欠资领取这么一封烫手的信函呢？"欠资"且逾期而被"退回"的信函，或许真的改变了吴宓的命运。其8月16日日记如此写道：

> 近日续出之右派分子益多，本校教职员有尚莫宗、李长

---

[1] 见《中国语文》1957年第10期。

河、李秀君、刘亚川等。皆其大者。本市有《重庆日报》记者张天授。东北有杨清，周传儒。北京有陈梦家，因反对文字改革被为其罪。按宓五月二十日致唐兰、陈梦家一函，似因浆糊潮湿，邮票脱落，该函竟以"欠资无人认领"退回，宓幸免牵连矣。然宓自愧不如梦家之因文字改革而得罪也。

而张天授，第一次在吴宓日记里露面时的身份为《重庆日报》记者，最后一次的身份，则成为"右派分子"。

吴宓究竟在《重庆日报》写了什么？

吴宓5月19日日记记载："收到《重庆日报》稿费十二元，五月十日刊出之稿，即复一函。"这里5月10日《重庆日报》刊出的稿件，应该就是5月4日吴宓亲自送到北碚邮局寄出的《毛主席讲话对我之启示》一文。不过，齐家莹之《吴宓著译详表》[1]，只收录了吴宓1957年5月24日发表在《重庆日报》上的《再谈毛主席讲话对我之启示》（从《吴宓日记续编》（三）上看，此稿5月15日撰成，5月16日上午修改后寄"《重庆日报》求登"，第84—85页）。齐家莹成文早于《吴宓日记》及《吴宓日记续编》出版，无可厚非，但2008年12月出版的傅宏星所著《吴宓评传》[2]附录二之"吴宓著（译）作年表"，同样也只收录《再谈

---

[1] 见葛兆光主编，《清华汉学研究》第二辑，清华大学出版社，1997，第353页。

[2] 华中师范大学出版社，第398页。

毛主席讲话对我之启示》，而失收《毛主席讲话对我之启示》，则不免令人遗憾了，因为吴宓此文题目既然叫"再谈"，此前肯定应该另有一篇文章，且《吴宓日记续编》早已出版，两篇文章也有记载，查实并非难事。

何蜀曾写有《1957年的吴宓》[1]一文，分为《在"鸣放"中"谨慎止默"》《在"反右"中"惟祈速死"》《应该提到的记者张天授》和《"检讨错误"和参与"反右"》四节，在《应该提到的记者张天授》一节中称张天授"信守职业道德，没有食言（这样讲诚信的记者如今不多见了）。这就使得吴宓的一些很可能被上纲为'右派言论'的话没有在报上发表。如果那些文字发表了，'白纸黑字，铁证如山'，即使某些领导有心保护他，到那时也很可能爱莫能助了。"但何蜀的文章里，只在引用吴宓日记时提及他在《重庆日报》上发表的两篇文章的题目，对文章的具体内容只字没有涉及，很有可能他也没有机会在《重庆日报》上读过这两篇文章。

大学同窗敖刚兄，任职《重庆日报》多年。为了一探吴宓两篇文章的究竟，我只有厚着脸皮向他求教。承敖兄鼎力相助，电邮来吴宓1957年在《重庆日报》上以繁体字刊发的两篇文章影像图本，得以一窥吴宓先生六十多年前文章的真面目。在《毛主席讲话对我之启示》这篇千字文中，吴宓首先提出了根本立场和观点的问题，表示：

---

[1] 《社会科学论坛》，2010年第10期。

(1，马克思主义唯物世界观；2，人民民主专政；3，中苏友好，社会主义国家团结)我必须坚持，必须明确不误；要处处分清敌我，划清界限，不容丝毫含混。

这里言必坚持、不容丝毫含混的立场和观点，虽然和吴宓真实的内心写照有所出入，和其日记中的内容也不能完全合拍，但吴宓能够在1957年平安过关，恐怕和他在公开场合"鸣放"时以及公开发表的文章中坚持这一"根本立场和观点"有关。毕竟，心头所想和口中所言，还是有所不同，甚至大相径庭的。对于"鸣放"的问题，吴宓在文章中有如下论述：

我们回应毛主席的号召，现在应当"鸣"，并应当"争鸣"——但似乎应当这样"鸣"才对：第一，不为自己鸣冤泄愤——因虽有冤愤，究竟个人所关者小，况如"我的薪水太低""我住的房子太坏"等话，早可说出，早应提出请求改正，不必待到今天。第二，不要太多指责。批评别人（领导和同志）——要多作积极性的具体建议，但图今后改正，不究往日之过咎；况我认为是某人之错误者，先要检查是否我的思想认识有不周到、不深细之处。第三，不可有甲地对乙地，甲校对乙校，甲系对乙系，教师对职员等本位思想，你轻我重之看法——因如此，每不免笼统而有所蔽。第四，应先择我所认为最重大、最切要、最紧急、最有关系和影响,而恰恰为一般人所忽略而为我所独看到并曾细想过之问题——应择此类问题,着重先谈;平心静气,不屈不挠地,"强聒不舍",一谈再谈,久久慢慢地谈。其他琐细之问题,在我可以不谈。以上的"鸣"法,为着是要忠于人民,忠于国家,忠于毛主席,忠于我自己("尽心之谓忠";真心实意去说话、做事,要"心到、眼到、口到、手到",便是我所了解的"忠")。

吴宓认为"我的薪水太低""我住的房子太坏"等话,"究竟个人所关者小",表现出一种大度,很难在那个特殊时期被人抓住小辫子并无限上纲。吴宓的态度,和1956年他的工资级别出乎他意料的高定,应该有很大关系。1956年10月30日,吴宓在日记里记录了当天在历史系系务会议上对工资改革发表的意见:

2:10至5:00史系系务会议讨论工资改革西师人事处及院系当局暨工会所拟新工资名单(草案)。宓先陈二通则,主张(1)对职员不宜菲薄。教职员应平等。(2)低薪者宜多增,高薪者宜少增。又自表谦逊,谓宓原薪七级176.18元,今拟增为新三级225元,实嫌太多,愧不敢当。宓之得此,自系由于资历。1955年秋冬讲课大受指责,却非宓之咎。但宓近者科学研究毫无成绩,以视史系拟为新四级180元之琴、良两君,实瞠乎其后,何敢薪级凌驾其上,故今定宓薪级,以新四级180元为宜,云云。以次论及史系诸同人，宓赞成良说，主张凌道新、李秋媛各晋一级。又赞成郑亚宇定为十四级。余不记。会后，仍自悔发言太多，不合渊默静超之旨。（《吴宓日记续编》第二卷，第546页）

无独有偶，在11月9日的日记里，吴宓还记录有和时任西南师范学院历史系党总支书记季平谈话的情况：

院长确在考虑是否列宓于新二级。宓当即求托其代陈院长，宓列新三级已极满意，祈万勿提宓至新二级，反致同人不融洽，宓亦不安心，云云。（《吴宓日记续编》第二卷，第554页）

事实上，最后吴宓的工资被确定为新二级，人民币257.5元，在西南师范学院仅吴宓和郑兰华（西南师院化学系教授、系主任、校务委员会委员）二人而已。当然，对于最后工资评定为新二级，他还是坦然接受的，其1957年5月22日的日记中也有如下记录：

评薪，宓曾坚辞新二级，但与俞平伯、贺麟及楼光来、郭斌龢等之一级、三级相比；又宓捐书值一万数千元，假作分月还值，余生难尽，故宓卒坦然接受新二级，云云。（《吴宓日记续编》第三卷，第90页）

《毛主席讲话对我之启示》一文,最重要的部分,就是结尾的部分,反映了吴宓对简化汉字的坚定立场:

> 根据以上之标准,我准备要谈简字问题,我要说出我不赞同、我反对简化汉字的理由:纵或被人讥为顽固、保守,但由于毛主席的感召,由于我的"忠"之观念,我对此问题实不忍缄默、不敢缄默。今年一月底,我在重庆市教育工会所主办的敬老会上,曾说过:"除(1)完全废除汉字(过去曾有人如此主张过)和(2)使用简体字外,我对党和国家所有的政策、所有的改革和号召,没有一件我不是完全赞同,积极拥护的。"我现在再作此声明。(附带要声明,我所有的文稿皆用楷书繁体字写成,但排印出来却变成简体字了!)

吴宓文中表达的对简化汉字的反对态度,和日记中的过激态度相比,已经大为和缓,且声称提出反对意见,也是由于"毛主席的感召",出于"忠"之观念,让企图以此抓他小辫子的人,也不易下手。不过,他在文章中并未说出反对简化汉字的具体理由,或许,正如他此前日记中所言,"不敢明言"也。

1957年5月24日,《重庆日报》又刊出吴宓的《再谈毛主席讲话对我之启示》。有趣的是,从其6月4日的日记看,此文的稿费同样也是十二元,尽管篇幅比前者多出五百余字。这篇文章,首先对"毛泽东思想"加以了定义并夸赞了毛的天才:

1957年5月10日吴宓以繁体字刊发在《重庆日报》上的文章《毛主席讲话对我之启示》书影

所谓"毛泽东思想",即将马克思列宁主义之学说理论,与中国革命之具体实践相结合之思想。有此结合中国实际之思想,乃能将马列学说中国化。中国化之马列学说,才不是教条主义或经验主义之学说,才能真正建设社会主义之中国新文化,然后乃能使我国日进于富强康乐之境。——这里表现出毛主席的天才;亦即是毛主席领导中国人民革命、社会主义建设和改造,在军事政治外交经济各方面,取得伟大成功之主要原因。

对于"中国实际",吴宓在文章中表示:

据我的愚见,"中国实际"包含两方面、两部分:(一)毛主席深彻地了解中国社会、中国人民(包括各阶层、各职业、各类型)的生活、习惯、心理;(二)毛主席学识渊博,曾广读了中国旧书,而且读得最得法,又能发挥每书的效用。

在援引了"毛主席在最高国务会议上的讲话"中提及的六部古书内容后,吴宓盛赞说:

这类千百部的旧书,皆是中华民族遗产之精华,我人民祖先丰富的经验与智慧之宝库,是人人所当吸收而利用的。而若不读书,但凭个人生活之直接体验,断不能十分了解中国人民的心理和其潜在的能力。所以,我们必须学习毛主席的读书。

接着,吴宓话锋一转,又继续落实到简体字上来:

自白话盛行,文言废弃以来,中国旧书的大部分,譬如锁在箱中,现今一般大学生和许多大学教师都不能读懂了。若"简字"推行日广,三十年后,中国旧书的全部,譬如久埋地下,腐蚀坏没,无从取读;那时的人,连《中国近代史史料丛编》,连1948年的《大公报》和《东方杂志》,亦不能阅读了;那时的人,要想追踪毛主席,由广读旧书以了解中国人民的历史根源和心理习惯,便都无办法了(把旧书翻译成简字,决不能很多,且不能完全表达原意)。

吴宓认为:"马列主义的原理(根本义),在中国旧书和西洋古典哲学中,亦可以寻找得出,要当披沙拣金,好好地采集熔炼,好好地结合。"他举例表示:

> 中国旧书中(一)相反相成(二)一多无碍(三)执两用中(四)随时变通(五)因地制宜(六)实事求是(七)斟酌尽善、权衡至当(八)无可无不可,等道理;其个别的词句,如(1)"民生在勤,勤则不匮"(2)"得民心者兴,失民心者亡"(3)"己所不欲,勿施于人"(4)"毋长傲,毋怙乱"等,又如今晨偶读(5)庄子、山木篇:"若夫万物之情,人伦之传则不然:合则离,成则毁,廉则挫,尊则议,有为则亏,贤则谋,不肖则欺。胡可得而必乎哉!谋,不肖则欺,胡可得而必(即是固执,即是教条主义,亦即孔子"毋必"之必)乎哉?"——这岂不是实践论和矛盾论很好的资料吗?我们要搞好工作、纠正错误、解除矛盾,中国旧书是大大能给我们以参考和启示的。

吴宓在文章的最后指出:

> 马列主义之一重要部分,为中国旧书和西洋古典哲学所

没有（无）的，那就是阶级斗争（社会发展史、历史唯物主义）和阶级革命（人民民主专政、社会主义改造、国际两大阵营、分清敌我）之学说。而此学说之信守奉行，端赖于我们必先具有非剥削阶级之行为与意识。而今日我国宪法明白规定以马克思列宁主义为主导思想，则此连所谓"立场"与"观点"，属政治范围，乃实行之事，即使某人思想尚未通（不明其理）亦当服从勿违。

"即使某人思想尚未通（不明其理）亦当服从勿违"，这是十分重要的一点，值得特别注意。吴宓如此说，起码证明他在政治上并非如他在情感上那么"书生气"或固执己见。在文章结尾，吴宓重复了他此前的看法：

> 根据此种认识，所以我（在五月十日登出之文中）主张分为二步：（一）先确定观点，站稳立场；（二）在此范围内、标准下，可以自由谈论，结合中国实际，征引丰富之旧材料（农工人民的技术经验，加上书籍中的智慧道理），以发挥潜力、办好各种事业。

由此可见，吴宓虽然在当地党报的两篇文章里都提出了他对"简字"的反对态度，但他所谈论的范畴，都以"确定观点、站稳立场"为前提，甚至还出于"忠"之观念，并打出了保护伞，如"毛主席学识渊博，曾广读了中国旧书，而且读得最得法，又能发挥每书的效用"等等。1957年，虽然对于吴宓而言，是内心巨大震荡的一年，但终究能够平安度过，也就不难解释了。

2021年夏于南京

二 史料与求实

两首欢迎陈独秀的出狱诗

李大钊的《欢迎独秀出狱》

1919年6月11日晚,陈独秀在北京前门外散发其起草的《北京市民宣言》传单,传单提出取消1915年、1918年两次对日密约,罢免并驱逐段祺瑞、曹汝霖、徐树铮等卖国贼,保障市民集会言论自由权等要求,结果,他在发放传单时被北洋政府密探和巡警逮捕入狱。消息传出,震惊全国,各界人士纷纷谴责,要求保释陈独秀。当时名不见经传的毛泽东也加入了呼吁释放陈独秀的行列。他在《湘江评论》创刊号以"泽东"署名刊发《陈独秀之被捕及营救》一文,指出陈是"思想界的明星",他的被捕决不能损其毫末,只会"留着大大的一个纪念于新思潮,使他越发光辉远大"。毛泽东在文末高呼:"我祝陈君万岁!我祝陈君至坚至高的精神万岁!"经各方大力营救,陈独秀9月16日出狱。李大钊当月写了一首题为《欢迎独秀出狱》的诗,发表于1919年11月10日出版的《新青年》第6卷第6号上。诗中写道:

(一)

你今出狱了,/我们很欢喜!/他们的强权和威力,/终竟战不胜真理。/什么监狱什么死,/都不能屈服了你;/因为你拥护真理，/所以真理拥护你。

（二）

你今出狱了，/我们很欢喜！/相别才有几十日，/这里有了许多更易：/从前我们的"只眼"忽然丧失，/我们的报便缺了光明，减了价值；/如今"只眼"的光明复启，/却不见了你和我们手创的报纸！/可是你不必感慨，不必叹息，/我们现在有了很多的化身，同时奋起：/好像花草的种子，/被风吹散在遍地。

（三）

你今出狱了，/我们很欢喜！/有许多的好青年，/已经实行了你那句言语：/"出了研究室便入监狱，/出了监狱便入研究室。"/他们都入了监狱，/监狱便成了研究室；/你便久住在监狱里，/也不须愁着孤寂没有伴侣。

李大钊不以诗人知名，生平创作的诗作，新旧诗加起来不超过三十首，这首《欢迎独秀出狱》从诗艺上来说并无可观之处，但由于李大钊的历史地位，被收入进不下十个选本，如《中国新诗鉴赏大辞典》（南京：江苏文艺出版社，1988）、《浩然正气》（北京：人民出版社，1991）、《红色诗歌集》（北京：人民文学出版社，2001）、《诗歌北大》（武汉：长江文艺出版社，2004）、《新中国的先声中国无产阶级革命先驱诗存1903—1949》（长春：吉林文史出版社，2009），甚至还被选入《高中语文读本中国现代诗歌散文欣赏》（北京：北京教育出版社,2010)。

谢楚桢的《贺陈独秀出狱》

其实,百年新诗史上还有另一首欢迎独秀出狱的诗,就几乎没有人知晓了,那就是谢楚桢的《贺陈独秀出狱》:

> 真爱国的汉子,/便不爱身子。/就是拿他去杀,/总大着胆儿不怕!
>
> "五四"飞来的新潮,/真给男女青年一个觉悟,/只是青年觉悟了,/独秀赚个监狱!
>
> 独秀愿意进监狱,/不愿意出监狱。/看他入狱时,满面欢喜。/出狱时,满面忿怒。/这是什么缘故?
>
> 独秀出来了,/依旧完他一个独秀,/连忙去看撒的新种子,/已经变了千花万树!
>
> 为甚就把他放出来,/夺了他的收息。/害他又要挑粪拿锄去下种,/却至死不改脾气!(《贺陈独秀出狱》)

拙见以为,这首《贺陈独秀出狱》,无论是艺术价值,还是历史价值,在初期白话诗里,都有可圈可点之处,不应湮没。

《贺陈独秀出狱》出自谢楚桢的《白话诗研究集》,1921年出版的此书堪称中国第二本个人新诗集同时也是第一本新诗理论集,不过,由于书籍出版后很快在易君左、罗敦伟和苏雪林(苏梅)之间引爆"苏梅事件",掀起文坛一场轩然大波,涉及胡

《白话诗研究集》卷首刊登的李石曾笔识、萧子升题词的"谢楚桢先生肖像"

适、成舍我、黎锦熙等多位北京文化界名人,此后《白话诗研究集》及其作者即长期处于蒙尘状态,湮没至今,其结果就是谢楚桢生平资料难以寻觅,生卒年月至今不详。不过,笔者经过一番史料的爬梳,还是大体得到这么一个框架:谢楚桢,湖南新化县人,曾是胡适在"中国公学的旧同学",五四时期"受了新思潮的激荡"(易君左语),"醉心新文化运动","名片上都印上中华民国一青年"(罗敦伟语)。

本来拙著《故纸求真》[1]收有一篇《被污名化的白话诗人谢楚

---

1 上海科学技术文献出版社,2015。

桢》,不想再就他生平说些什么了。不过,最近看到一本坊间颇为流行的《民国广告与民国名人》[1]的书,在《谢楚桢发广告招来"笔墨官司"》一节里,竟然如此写道:

> 谢楚桢是"五四"时期一位思想活跃的女子,受在北京大学就读的丈夫,以及父亲的影响,她渴望深造,但苦于无门进入女子大学。谢楚桢于1919年12月初上书北大校长蔡元培,声言代表全国女界请求北大开放女禁,实行男女同校。12月13日,蔡元培复函谢楚桢,表示完全赞同在北大实行男女同校。由此,谢楚桢如愿以偿地走进了北大,成为中文系的学子,成为实现妇女教育平等的新闻人物。

上述文章写的是谢楚桢《白话诗研究集》广告引发的争议问题,但我可以肯定作者并没有看过谢著,因为谢著卷首就刊有李石曾笔识、萧子升题词的"谢楚桢先生肖像"!不知道作者依据什么资料,竟然写出谢楚桢"受在北京大学就读的丈夫"的影响,并因此致书蔡元培呼吁北大开放女禁,"如愿以偿地走进了北大,成为中文系的学子"这些子虚乌有的内容!其实,呼吁北大开放女禁,并非女子的专利。谢著中的诗作《喜鹊声》,其前言就明确写道:"去年冬里,我寄北京大学蔡校长一封信。劝他把大学早开女禁,不要观望不下决心。"

---

[1] 由国庆著,山东画报出版社,2014。

更令人错愕的是,《谢楚桢发广告招来"笔墨官司"》后面引用胡适在日记里提到谢楚桢的《白话诗研究集》时,为了坐实谢楚桢为女性,公然把胡适日记原文中七处代指谢楚桢的"他"篡改成"她"字——

> 今天我做一件略动感情的事。有中国公学旧同学谢楚桢君作了一部《白话诗研究集》,里面的诗都是极不堪的诗。她曾拿来给我看,我说这里面差不多没有一首可算是诗,我又说单有白话算不得是诗。她后来结交了易家钺、罗敦伟等一班新名士,他们把她捧作一个大诗人,她这种诗居然出版了!出版后,她来缠着我,要我替她在报上介绍,我完全拒绝了她……我生平对于社会上滥用名字的行为,最为痛恨。社会既肯信任我们的话,我们应该因此更尊重社会的信任,决不该滥用我们的名字替滑头医生上匾,替烂污书籍作序题笺,替无赖少年作辩护。

由先生的《民国广告与民国名人》,南开大学张铁荣教授誉为"图文并茂雅致别样",想必是有其道理的。拙文在此"吹毛求疵",也只是希望由先生的大著如有机会再版,能够尊重史实,更加精益求精。

2016年10月19日

海明威在中国打过鬼子吗?

海明威抗战中国行考辨二题

海明威是美国著名记者、小说家,普利策奖和诺贝尔文学奖得主。2015年9月22日,习近平在美国华盛顿州西雅图当地政府和美国友好团体联合欢迎宴会上的演讲中,谈到他青年时代就读过的美国作家作品时表示:

> 海明威《老人与海》对狂风和暴雨、巨浪和小船、老人和鲨鱼的描写给我留下了深刻印象。我第一次去古巴,专程去了海明威当年写《老人与海》的栈桥边。第二次去古巴,我去了海明威经常去的酒吧,点了海明威爱喝的朗姆酒配薄荷叶加冰块。我想体验一下当年海明威写下那些故事时的精神世界和实地氛围。我认为,对不同的文化和文明,我们需要去深入了解。[1]

除了《老人与海》外,海明威还著有《太阳照常升起》《永别了,武器》《丧钟为谁而鸣》等名著。

---

[1] 见《习近平在华盛顿州当地政府和美国友好团体联合欢迎宴会上的演讲》,新华网,2015年9月22日。

出生于美国小镇奥克帕克的海明威一生充满传奇色彩。身为记者和作家，第一次世界大战和第二次世界大战期间，他的足迹遍及加拿大、法国、意大利、西班牙、古巴等国，素有"世界公民"之称。1941年，海明威和当时的夫人、著名战地记者玛莎·盖尔霍恩还曾来到我国香港、广东、桂林、重庆等地，对中国人民艰苦的抗日斗争加以报道。

海明威八十年前在中国抗战最艰难时刻的中国之行，既是美中两国人民友好的见证，也是美中新闻（文化）交流史上的一件大事。不过，由于时代久远，海明威没有相关回忆文字，葛尔虹也明确表示当时没有"记录"，这造成了海明威中国之行的一些大事和重大节点不够明确，甚至还有讹传的现象。作为新闻工作者，我们很有必要按照习近平主席"对不同的文化和文明，我们需要去深入了解"的观点，从"历史研究是一切社会科学的基础"[1]出发，对当年浩如烟海的新闻报道进行定点定时的挖掘，围绕相关史料加以抽丝剥茧，尽可能还原或重现历史的原貌。

一、海明威曾在中国杀鬼子？

近几年来，有关海明威在中国采访时直接参加战斗，帮助中国人民打日本鬼子的故事甚嚣尘上。2016年7月13日，《文汇报》以接近大半个版的篇幅刊登了署名"本报记者陈晓黎"的文章，题目就是《1941年，海明威在中国杀鬼子》，作为海明威逝

---

[1] 见2015年8月24日《人民日报》头版《习近平致第二十二届国际历史科学大会的贺信》。

世五十五周年的纪念。在这篇文章里,作者"引用"当年的《新华日报》报道说:

> 1941年5月17日,中国共产党中央重庆《新华日报》头版报道:"中央香港16日电:香港《史密斯日报》报道了美国作家海明威在广东前线曾随中国部队分乘沙船三艘,乘夜向下游进驶,在广州近郊登陆。海明威用他丰富的战地经验,在广东韶关利用夜幕的掩护,亲自破坏了日寇的一段铁丝网,并干掉了一个日本士兵,缴获了日寇的一杆枪和几颗手榴弹,他们于拂晓前安然离去。"
>
> (以下简称"陈晓黎文")

笔者还清楚记得,当时在《文汇报》读到此文时,心情激动与惭愧参半:供职多年的新华日报,大半个世纪之前曾刊登本人最为景仰的美国记者、作家海明威帮助国人杀日本鬼子的新闻,自己竟然闻所未闻,甚至从来没有听报社老一辈同人提及,颇有墙内开花墙外香的感觉。遗憾的是,抗战期间的《新华日报》老报纸,报社并无保存,直到三年之后,才有机会寓目1941年5月17日的《新华日报》,但令人讶异的是,当日《新华日报》上所刊登的海明威新闻,和《1941年,海明威在中国杀鬼子》中引用的所谓"新华日报"上的报道有很大区别!

为方便读者辨别,特将1941年5月17日的《新华日报》刊登的题为《海明威随我军入广州近郊》的新闻照录如下:

（中央社香港十六日电）士蔑西报今日晚版中刊载美名作家海明威，近在广东前线时之冒险事迹。据称：海明威在韶关时，某夜曾随中国部队分乘沙船三艘，乘夜向下游进驶，在广州近郊登陆，将日本军事建筑若干破坏，于拂晓前安然引去。据传此次之冒险，给与海明威以深刻之印象，证明各方所传沦陷城市内之日军夜间常撤至安全地点，以避免中国游击队之进攻一节，确属事实。

（以下简称"新华日报海明威原文"）

同一天，重庆《中央日报》第二版，也使用了"中央社"这条有关海明威的消息，题目为《海明威壮举随军夜袭广州近郊》，标题虽不一样，但文字和"新华日报海明威原文"基本一致，篇幅不长，还是照录如下：

（中央社香港十六日电）士蔑西报今日晚版中刊载美名作家海明威，近在广东前线时之冒险事迹。据称：海明威在韶关时，某夜曾随中国部队潜入广州，华军于是夜将日本军事建筑若干所破坏。彼等一行分乘沙船三艘，乘夜向下游进驶，在广州近郊登陆，完成破坏工作，于拂晓前安然引去。据传此次之冒险，给与海明威以深刻之印象，证明各方所传沦陷城市内之日军夜间常撤至安全地点，以避免中国游击队之进攻一节，确属事实。

(以下简称"中央日报海明威原文")

同样是当时中国最大新闻通讯社"中央社"发布的稿件,刊载在两份不同的报纸上,核心内容一致,文字有些微差别,做过版面编辑的新闻人都明白,应是当值编辑根据版面情况对文字进行的删削和调整。"中央日报海明威原文"标题虽然有"海明威壮举随军夜袭广州近郊"的字样,不免给人以联想,但通读全文以及"新华日报海明威原文",只有中国军队破坏日军建筑的记述,没有一个字或一个细节涉及海明威亲自动手杀鬼子、夺取枪支和手榴弹!

当然,无论是"新华日报海明威原文"还是"中央日报海明威原文",都没有"中央社"所依据的香港《士蔑西报》1941年5月16日"晚版"上有关海明威的英文原文来得准确。当然,香港《士蔑西报》查询不易,南京图书馆、上海图书馆,甚至国家图书馆都没有馆藏,承台南大学许舜杰博士大力协助,终于找到《士蔑西报》1941年5月16日"Final Edition[1]",其首页刊登有题为 *Hemingway's Adventure With Chinese Soldiers*[2] 的新闻,内容和上述《新华日报》《中央日报》刊载的"中央社香港十六日电"基本一致,同样只字没有提及海明威亲自杀鬼子或参与破坏日军设施!

---

[1] Final Edition有(当天报纸的)最后发行的一版之意,与当时"中央社"所指"晚版"符合。
[2] 可意译为"海明威与中国军队的冒险"。

白纸黑字面前,笔者不禁愕然:"陈晓黎文"中言之凿凿的内容,和事实上《新华日报》上的文字(包括《士蔑西报》上的英文原文)相左甚矣。当然,只此证据,尚难认定陈晓黎是编造海明威打鬼子情节的始作俑者,但综上所述,至少能够说明,他在撰写《1941年,海明威在中国杀鬼子》时并没有看到过或核对过所引用的《新华日报》原报内容!

为了溯本求源,笔者通过读秀——一个由海量全文数据及资料基本信息组成的超大型数据库,也是一个真正意义上的学术搜索引擎及文献资料服务平台,进行关键字查询。结果显示出不少令人惊讶的相关条目,通过比对发现,最早的一个来源应是山西《文史月刊》2011年第5期李良旭的《海明威来中国打"鬼子"》,此文被当年《晚报文萃》(上半月开心版)第8期转载[1]。同一年里,李良旭此文还以《海明威在中国打鬼子》为题,刊登在《传奇故事(百家讲坛版)》第7期、《炎黄纵横》第9期等,后来各式各样的转载、引用,更是不胜枚举。

以笔者寓目的《炎黄纵横》2011年第9期发表的李良旭《海明威在中国打鬼子》(以下简称"李良旭文")为例,发现信口开河之处颇多——

---

[1] 李良旭刊登在《文史月刊》2011年第5期上的《海明威来中国打"鬼子"》一文中,并没有《新华日报》报道的内容;不过,转载此文的《晚报文萃》(上半月开心版)第8期,文章标明"姜会仁摘自《文史月刊》,内容有删节",却凭空多出了海明威打鬼子被《新华日报》报道的细节。当然,李良旭当年此文一稿多投,《炎黄纵横》2011年第9期《海明威在中国打鬼子》一文里,确实有《新华日报》报道的细节,但署名摘自刊物A的稿件里却有刊物B稿件里才有的内容,确实令人费解。立此存照。

杜撰出海明威1941年3月12日在香港警察局长科恩的安排下，一同乘小飞机到广东南雄然后乘汽车到韶关，甚至负责海明威安全的科恩还目睹了作家杀鬼子，"紧张得说不出话来"。事实上，当时香港就没有警察局长这个职位，也无法查实香港警界究竟有没有科恩此人的存在[1]。至于海明威抵达广东南阳（非南雄）、韶关的时间，根据海明威研究专家、厦门大学教授杨仁敬的说法，则是1941年3月25日[2]。

"李良旭文"的结尾，在没有透露任何消息来源的情况下，声称海明威曾充满深情地表示，"如果没有1941年的中国广东之行；如果没有中国人民奋起反抗日寇的侵略的英勇壮举；如果没有自己的亲身经历，就不会有《老人与海》，就不会有我的一系列战争体裁的小说"！稍微懂得新闻"五个W"要素的人，都会瞠目结舌！海明威因《老人与海》摘取1954年诺贝尔文学奖，网络上不难查到其获奖感言全文，遗憾的是，对于"李良旭文"中声称的海明威深情表达的部分，感言中只字未提。

"陈晓黎文"中所引用的《新华日报》有关海明威打鬼子的消息，应是出自"李良旭文"。两篇文章都把"中央社"错为"中央"；名列"香港四大英文报刊"的老牌西报（英文报纸）《士蔑西报》，The Hong Kong Telegraph，一译《香港电闻

---

[1] 见香港警务处（香港特别行政区政府）官方网页"警队历史"："第一章第一个一百年"。
[2] 可参见杨仁敬《海明威在广东抗日前线》，梁力编《羊城沧桑（2）》，花城出版社，2012，第3页。

报》或《香港电讯报》,1895年孙中山策划广州起义时曾争取其支持[1],也都错成一个子虚乌有的香港《史密斯日报》。这里顺便提一下,海明威研究专家杨仁敬教授所著《海明威在中国》一书,同样引用了《新华日报》的这则消息,不过,书中误把"士蔑西报"录为"士蔑西根",还专门加了一个注释,云:"指斯密斯根(Smith Daily)",可见文学和新闻(新闻史)之间是有颇多不同和隔阂的。

读毕"李良旭文",还有一个发现,就是陈晓黎《1941年,海明威在中国杀鬼子》中有如下一段如身临其境的文字:

> 和之前在西班牙内战前线一样,海明威不甘于只做一个拿笔的战地记者。在深夜穿越日军封锁线时,面对前方林立的碉堡和铁丝网,他突然出手,敏捷地向前爬行,避开碉堡里探照灯照射的灯光,将铁丝网剪开几道口子,钻进去摸到哨兵身后,突然拔出匕首刺向哨兵,哨兵没有发出一点声响就倒了下去。他又迅速摘下哨兵腰上的手榴弹,捡起地上的那杆长枪,三蹿两跳跑了回来……

读者有兴趣的话,不妨和"李良旭文"第二栏中的几节文字

---

[1] 张磊主编《孙中山词典》,广东人民出版社,1994,第21页。

对照一下，结论只有一个：何其相像尔[1]！

海明威抗战期间到中国来，至今整整八十周年，昨天的新闻已经成为今天的历史，但无论如何，历史是昨天的新闻，新闻是明天的历史，新闻的真实性始终是新闻工作者必须坚持的底线，不能有任何一点含糊。海明威和中国人民的故事，现在已经成为对外传播"讲好中国故事、传播中国声音"中的一部分，虚假和失实报道非但不能为中国人民增添光彩，反而会危害媒体公信力，抹黑中国新闻行业，进而损坏中国形象！

海明威硬汉的形象，在中国人民的心目中高大伟岸，取决于他在抗战最困难的阶段来到中国，和中国人民站在一起，体现了美国人民对中国人民抗日斗争的有力支持。至于海明威是否亲手杀过鬼子、是否亲身参与了破坏日寇军事设施，至关重要的就是恪守新闻的真实性原则，任何背离真实性原则为历史人物涂脂抹粉的行为，都不足取。

2016年2月19日，习近平主持召开党的新闻舆论工作座谈会时指出："真实性是新闻的生命。要根据事实来描述事实，既准确报道个别事实，又从宏观上把握和反映事件或事物的全貌。"作为一名从事新闻工作超过三十年的"新华人"[2]，珍爱《新华

---

[1] 这一段细节和李良旭文高度相似的，有署名"李春发"的文章《海明威的中国抗日烽火行（上）》（《党史文汇》，2015年第5期，第42页）。李春发的文字被广东作家詹谷丰称为"如同小说情节的杀敌故事"，但仍被认可并引用入《子弹与小说——蒋光鼐与世界文豪海明威》（《文学港》2016年第5期）。立此存照。

[2] 入职"新华日报"的同仁，自称"新华人"并引以为自豪。

日报》由来有自,对于违背新闻真实性的原则,无论什么原因对《新华日报》内容的曲解或添油加醋,都有责任站出来澄清事实,对事而非针对个人。上述文字的辩证,目的即是如此。

二、海明威周恩来重庆会面时间考

美国记者海明威的中国之行,当时的陪都重庆是重要的一站。作为抗战中第一个到访中国"国统区"的美国记者,同时也是"美国政府的代表",海明威和夫人玛莎·盖尔霍恩,受到了国民政府异常热情的欢迎,包括蒋介石宋美龄夫妇的私宴[1]。不过,海明威和蒋介石的会见,当时重庆的国民党机关报《中央日报》并没有报道,杨仁敬编著的《海明威在中国》,对其中原因有所分析[2],是否得当,有兴趣的读者不妨找来参考,此处不赘。

当时未见诸报端的,还有海明威夫妇和中共代表周恩来在重庆的秘密会见。对于这段会见,《红岩村轶事》[3]以《周恩来秘见海明威》一节专门叙述:

> 5月的重庆,骄阳似火。
>
> 陪都的街头有许多令人着迷的东西。美国著名作家欧内斯特·海明威的妻子玛莎·盖尔荷恩已经在街上闲逛了大半天,仍然兴致未减。突然一位高高大大、金发碧眼的德国

---

[1] 杨仁敬:《海明威在中国》,厦门大学出版社,2006,第4—6页。

[2] 同上注,第25—27页。

[3] 王泓等编著,重庆大学出版社,1993,第154—1557页。

妇女走近玛莎，低声问她是否有兴趣见见"周恩来"。玛莎茫然看着这位穿着中国旗袍，戴着男式毡帽，自称叫"王安娜"的神秘女人，"周恩来"的名字对她毫无意义，玛莎愣了一愣，说这得和海明威商量一下。王安娜在那里等她的回音。

玛莎赶回住所，告诉了海明威发生在大街上的一切。海明威兴奋极了，他不仅知道周恩来是中共在重庆的代表，而且也知道王安娜的丈夫是王炳南，周恩来的得力助手。他要玛莎赶快告诉王安娜，他极愿尽早与周恩来见面。

于是，第二天，海明威夫妇又在大街上闲逛，直到他们确信后面没人跟踪时，他们才来到约定地点，和王安娜会合。在王安娜的带领下，穿过迷宫一样的小街小巷，来到了曾家岩50号——陪都最神秘的小屋与周恩来见面。

对于海明威和周恩来会见时的内容，当时担任翻译的王安娜回忆说：

> 在那一个小时当中，周恩来只说了两三句话，其它时间全是这位著名作家独自演讲。内容与解决远东诸问题有关的。他的讲演富于空想，但与根据具体事实得来的认识距离太远了[1]。

对于这次会见，另一方当事人海明威未见书面提及，他的夫

---

[1] 王安娜：《中国——我的第二故乡》，生活·读书·新知三联书店，1980，第398页。

人玛莎·盖尔霍恩则在回忆录中赞扬了周恩来给她和海明威留下深刻的印象,但表示,当时由于太激动而忘了做记录,没能把周恩来跟海明威的谈话传给后代,因此十分遗憾[1]。当时没有做书面记录,几十年后记忆不清,坚持实事求是而不妄语,虽有遗憾,但体现了一个毕生从事战地新闻采访的新闻工作者的严谨,值得我们钦敬!

海明威的中国之行,不仅仅是美中新闻交流的一件大事,他和周恩来的会面,对中国共产党的外交工作,也有很大的促进。海明威回美国之后,除了向政府有关方面(财政部长亨利·摩根索)转交了"周恩来将军为我所写的对整个时局问题看法的"报告外[2],《周恩来年谱》[3]还有如下记载:

> (1941年)5月16日致电廖承志并报毛泽东:根据海明威等所谈,我们在外交上"大有活动余地"。建议在香港多选几个人,"配合这种活动,活动方针须与重庆合拍"。

关于海明威和周恩来在重庆会面的时间,《周恩来年谱》的记录是:

---

[1] 可参见杨仁敬《海明威在中国》,第17页。

[2] 可参见杨仁敬《海明威在中国》,第17—18页。

[3] 中共中央文献研究室编《周恩来年谱(1889—1949)(修订本)》,中央文献出版社,2020,第502页。

5月中旬先后会晤美国作家海明威夫妇和鲁斯夫妇。他们表示美国反对国共内战,主张抗日,赞成实现统一战线的民主政权,不满意国民政府的武断和抗战无能。对中共的抗战态度和民主、经济、外交等政策表示关切。

杨仁敬著《海明威在中国》一书中,辟出专节《待商榷的意见》,对包括海明威、周恩来重庆会面地点和时间等四个主要问题,予以探讨。关于海明威和周恩来会面的地点和时间,《海明威在中国》明确表示为"1941年5月中旬",依据是中共中央文献研究室编、人民出版社1989年版的《周恩来年谱》(1898—1949)第509页。2020年2月,中央文献出版社推出的新版《周恩来年谱》,会面时间依然为1941年"5月中旬"。

中共中央文献研究室编撰的《周恩来年谱》,自1989年首次出版,到1997年再版,再到2020年新版,是周恩来研究领域的重要成果。《周恩来年谱》"说明"第七条为:

> 对有两种不同说法的同一件事,除有些经研究能认定一种说法的以外,有的在采用倾向的说法同时,另一种说法在注内说明;有的时间确定不了的,则用括号注明另一种说法认为的时间。

按照这一说明,海明威和周恩来会面的时间似无不同说法,为《周恩来年谱》编者认可的结论。事实上,这一结论是可以商

权的,因为1941年4月16日《新华日报》头版的一则简讯,刊载有如下消息:

> 美名作家海明威夫妇于昨日下午二时乘机飞腊戍,转往新加坡。

无独有偶,当日重庆《中央日报》第二版,也刊登有《一来一往海明威昨赴仰光加尔德威尔抵渝》的新闻,新闻如此表示:

> [本报讯]美国名作家海明威夫妇在渝停留一周十五日下午二时飞腊戍将转往仰光及新加坡返国。乘同一飞机由港到渝者有美国小说家加尔德威尔及其夫人。加尔德威尔常为《生活杂志》及其他刊物撰稿,其夫人布科华德为《生活》新志之摄影记者,将在自由中国拍摄大批照片。按彼等系于本月九日乘飞剪号由美抵港。

综上两篇新闻所述,十分明显,海明威夫妇已经在4月15日从重庆乘飞机前往缅甸腊戍了,如此,次月中旬再在重庆和周恩来会面便殊无可能[1]。

---

[1] 香港《士蔑西报》1941年5月16日"*Final Edition*"(晚版)所刊 *Hemingway's Adventure With Chinese Soldiers*(可意译为"海明威与中国军队的冒险")的新闻中,有"目前在马尼拉的海明威,几周前作为《纽约午报》巡回记者和特约作家抵达香港"字样,证明海明威1941年5月中旬已在马尼拉。

Hemingway's Adventure With Chinese Soldiers

Recalling stories of remarkable exploits of war correspondents is the news, obtained from reliable Chinese quarters, of Mr Ernest Hemingway's entry into Canton city under cover of darkness recently with Chinese forces.

Mr Hemingway, who is now in Manila, arrived in Hongkong several weeks ago as roving correspondent and special writer for the New York evening paper, "P.M." He went from Hongkong to Shiukwan by plane, and was conducted to different fronts of action by the Kwangtung military authorities.

It is reported that, one night, the famous author was given the opportunity of accompanying a Chinese unit into Canton city, where the soldiers wrecked certain strategic works built by the Japanese.

The party is said to have travelled down the river by night in three junks. Arriving at a Canton suburb, they landed and proceeded with their task of destruction and got away safely just before dawn.

The success of the expedition is said to have greatly impressed Mr Hemingway, and the news confirms reports that Japanese forces in occupied towns in China are in the habit of withdrawing to one or two safe points at night in order to avoid the depredations of Chinese guerilla fighters, who are masters of the situation in the outlying areas.

1941年5月16日香港《士蔑西报》"Final Edition"刊登题为 Hemingway's Adventure With Chinese Soldiers 的新闻

1941年5月17日重庆《新华日报》头版报道《海明威随我军入广州近郊》

1941年5月17日重庆《中央日报》第二版刊登题为《海明威壮举随军夜袭广州近郊》的消息

在新的史料发现前，我们虽然无法断定海明威和周恩来在重庆会面的确切时间，但两位伟人的晤面不迟于1941年4月15日，当是不争的事实。当时围绕海明威夫妇中国的行踪，重庆《中央日报》《新华日报》、香港《大公报》《立报》等，均有相关报道，草蛇灰线，有迹可循。

且看1941年4月7日《中央日报》短讯《海明威飞渝》：

[中央社桂林六日电]美国名记者海明威夫妇，6日下午2时由桂飞渝。

海明威夫妇在重庆逗留了几天后，又乘飞机去了成都。1941年4月11日《中央日报》刊发了消息《海明威飞抵蓉》：

[中央社成都十日电]美国小说家美国午报记者海明威，10日下午4时由行政院秘书夏晋熊陪同乘飞机抵蓉。[1]

1941年4月13日，《中央日报》第二版"时人行踪"刊登消息：

[中央社成都十二日电]美记者海明威，十一日晨十时由蓉飞渝。

---

[1] 1941年4月9日《中央日报》第二版曾刊登消息，标题为《海明威夫人谈伟大的中国 他们今天飞往成都》，称海明威夫妇将在9日晨飞成都，并在成都逗留一个星期。事实上，海明威夫妇是10日才飞往成都的，11日就返回了重庆。

1941年4月15日,《中央日报》第二版刊发新闻《欢迎海明威嘉陵宾馆的一个盛会》,记述了4月14日下午中国新闻学会、各报联合委员会、国民外交协会、中美文化协会等九个单位、三百多位中外来宾在"陪都风景最优美的嘉陵宾馆"欢迎海明威夫妇的盛况。如果从海明威夫妇次日就离开重庆看,这次欢迎盛会也是欢送盛会。

上述几则消息,勾勒出海明威抵达重庆,中途离渝去蓉,由蓉返渝,到最终离开重庆的整个过程——4月6日下午由桂林飞抵重庆,10日乘飞机离开重庆前往成都,11日离开成都返回重庆,14日下午参加欢迎盛会,15日下午乘飞机离开重庆前往缅甸。在这些日子里,6日、10日、11日和15日,都在旅途之中,考虑到当时的交通状况,海明威和周恩来会面的可能性基本没有,只有剩下的7日、8日、9日、12日、13日和14日这六天会面的可能性较大。准确的日期,希望有朝一日能够在更多的史料发现后浮出水面。

海明威和周恩来的会面,是海明威中国之行的一件大事。不揣鄙陋,钩沉史料并剖析如上,期待方家不吝赐教。

2021年5月于南京

"象征派诗人"头衔的吴诗人是谁？

最近翻阅旧报刊，读到1937年4月10日出版的北平《文化与教育》旬刊第122期发表何善懋的《国文教学法讨论会追记：又是一番新或旧，语与文之争》，该文记录了当年3月16日"上午十时许至十二时许，师大文学院国文系四年级举行'国文教学法'讨论会"的经过，其中提及：

> 一位不是咱们"习作组"的荣任"象征派诗人"头衔，曾发表写诗必合"三新"主义的吴君却从旁听席上起立致词了。吴诗人腰肢挺直，两手插入外套口袋，然后操着不纯粹的国音说：初中生作语体文是对的，高中学生却须知道文言文的作法，为的是投升大学或服务社会都需要得很，按照实用主义来说，高中学生练习文言文当无异议咧！

这一段叙述，引发了我极大的兴趣，因为我父亲吴奔星1937年7月从北师大国文系毕业，当时正好就读四年级！难道这段叙述和他以及他所在的班级有关吗？

翻开手头的一本民国廿三年八月编订的《国立北平师范大学一览》，420页后为"在校学生一览"，428页为"国文学系一年级"名录，总共二十五名学生，计王彩如（女）、王嵩龄、李守珍、张福泽（女）、吴奔星、刘若珠（女）、王颖、苏运中、程志学、王焕章、李化棠、王振华（女）、何贻焜、王毓骏、卢振华、高启杰（女）、高醒民、魏佩兰（女）、吴常义、刘肇彰、寇平（女）、赵西陆、王国栋、文琇和刘世昌。和上文开篇部分"本班同学二十余人在大学内学习国文几达四年"，基本符合，尤其是该文中还提及"尝著《曾国藩评传》的吾家一风君"，所谓"吾家"，就是和作者何善懋同宗，而恰恰何贻焜的字号为"一风"！更为关键的是，何贻焜1937年7月曾在南京正中书局出版有《曾国藩评传》（此书2013年又由中国文史出版社再版）！

而在这二十五名四年级同学里，一共两个同学姓吴，除了湖南安化人吴奔星外，还有辽宁辽阳人吴常义。吴奔星大学时代写新诗，这是毫无疑问的，但吴常义是否创作过新诗，则不得而知。不过，上文中"曾发表写诗必合'三新'主义的吴君"这一线索，无疑是判定这个"吴诗人"是谁的重要根据。查1937年1月13日出版的《文化与教育》旬刊第115期，有署名"吴奔星"的《诗的创作与欣赏》，其中包括如下表述：

> 我以为现代诗应该努力与旧诗分家。其努力的途径，第一应有新意境，第二应有新比兴，第三应有新辞藻。有此"三新"，才能叫做"新诗"，可以说达到了理想的鹄的。

由此可见，文章中荣任"象征派诗人"头衔的"吴诗人"，可以百分之百确定就是吴奔星了。

我曾撰有《李金发与〈小雅〉诗刊》[1]一文,其中提道:

> 1940年10月28日,吴奔星应湖南省立衡阳乡村师范的邀请,"给初学写诗的朋友"作了一次演讲,题目为《诗的认识与写作》(家中存有此文演讲后的油印稿和发表稿残篇,无法确定发表刊物),明确提出以李金发为中心的"法国诗风派",并把自己纳入此派……

> 后人因为《现代》杂志的缘故,把以戴望舒为主的一些风格相近的诗人划为现代诗派,而把李金发等人归类为象征诗派。以被列入现代诗派的吴奔星为例,他的很多诗歌似更接近于象征诗派,因此"法国诗风派"的分类,可能更加符合新诗发展的历史实际。诗人路易士在2004年12月7日发表于《中央日报》"中央副刊"的《致诗人吴奔星》的"后记"里有"吴奔星的诗风,采取象征派与意象派的表现手法,大体上也和戴望舒、路易士等'现代诗人群'的抒情诗颇为相近"的描述,这一点新诗研究专家孙玉石先生已经注意到,并在《吴奔星与一九三〇—一九四〇年代现代主义诗潮》(《北京大学学报》2012年一期)一文中提及,而专治诗学和现代文学研究的许霆杰先生,以笔名"秀赫"在《印刻文学生活志》2016年4月号发表长文《我紧扣着"现在"

---

[1] 《中华读书报》,2017年4月26日第7版。

吴奔星北平师范大学毕业照
（1937年）

吴奔星《诗的创作与欣赏》提出"三新"概念

何善懋《国文教学法讨论会追记》书影，其中提及"象征派诗人"

之喉——中国现代主义诗歌之父李金发》，也把吴奔星列为受到李金发诗风影响和启发的诗人。

从上述何善懋的《国文教学法讨论会追记：又是一番新或旧，语与文之争》一文看，吴奔星大学时代就有"象征派诗人"的头衔，虽然这只是同学之间的戏称，不过，也颇能够反映先父当年新诗创作的现实和当年大学中文系学生对于新诗的认知。

关于何善懋这个人，2005年中华书局出版的《潇湘絮语》[1]，收录一篇《周小舟求画记》，其中有"周小舟1931年至1934年就读于北京师范大学中文系。他原名周怀求，与何善懋、何贻焜号称'三支笔'，在校内颇有名声"。

从《国立北平师范大学一览》看，籍贯湖南郴县的何善懋原本比吴奔星高一级，是1932年入学，本应在1936年毕业。1936年11月25日出版的《文化与教育》旬刊108、109合刊，发表有何善懋的《粉笔生活——答客问》，记述了作者1935年春到1936年夏的生活历程——其请假休学期间在湖南某县城学校教书的情形。由此，似可推断何善懋因休学一年，最后和低其一级的吴奔星、何贻焜一同在1937年毕业。

何在《粉笔生活——答客问》一文中，借校长介绍他的口吻，界定自己为"一个对旧文学有相当研究、新文学有相当兴趣的人"。他透露，因个人兴趣"稍偏于韵文"，讲课的时候除

---

[1] 彭小峰主编，湖南省文史研究馆编。

"教科书上的教材外,曾选些唐人的绝句,宋人的小令,和今人的新诗。……今人的新诗,选了《春水》《繁星》《猛虎集》《瓶》《昨日之歌》《望舒草》……几个集子。后来学生们有几位能够写各种体裁的诗歌了,这点很使我欢喜"。

最有意思的是,他在谈到课内教学的问题时举了一个例子,就是徐志摩的新诗《五老峰》:

> 这首诗本来容易讲,但尾巴上来一句,"……有朝山人在落林中过路。"落林二字不大好讲,假如是洛林,旁边打一直,那自然是山名了(其实也没有这山)。讲到此段,亏得我急生一计,权且说一下徐君用字的新颖,格调的欧化,办《诗镌》《新月》的努力,在我国新文学史上的成绩与地位怎样。下课钟便救驾似的响了。额角上挤出几滴冷汗来!课后查考《志摩的诗》,落字下掉了一个叶子,"有朝山人在落叶林中过路",好,讲得通也。

看到这里,我也不禁为之一噱!何善戆文中说所用教材是中华书局的《国语与国文》,果然,我在新国民图书社出版、中华书局发行的《新中华国语与国文教科书》第四册[1]中看到选有诗人徐志摩的《五老峰》,末尾确实是少了一个"叶"字!这一问题,似乎从没有人谈及。

1　1929年7月发行,1931年12月第6版。

关于何善懋大学毕业后的情况,资料不多。《郴县文史资料(第二辑)》[1],收录的《解放前县城教育史话》记载:

> 县立初级中学,于1943年下期开办。校址在东门外桔井观。开办校长李启礼,继任校长何善懋。……现为郴州市一中。

据《中华民国史档案资料汇编 第五辑 第三编 教育(二)》[2]记载,1946年12月湖南省教育会曾召开第二次代表大会,何善懋为出席代表。

对于何善懋1949年后的情况,我是一无所见,当然也是一无所知。希望了解情况的师友,能够提供线索。

2018年6月

---

1 中国人民政治协商会议湖南省郴县委员会文史资料研究委员会编,1988。
2 中国第二历史档案馆编,江苏古籍出版社,2000。

《散步的鱼》里的"远方和明日"

几年前,曾写过一篇谈诗人纪弦的文章《张爱玲激赏的诗作》[1],其中有一节是《〈散步的鱼〉的出处及诗人自评》,引用了诗人在《纪弦回忆录》[2]中对《散步的鱼》的自评,其中关于此诗的最后一节"馥郁的是远方和明日;/散步的鱼,歌唱",诗人自己这么说:

> 作为此诗之"诗眼"的"远方"和"明日",究竟意何所指?那不就是"重庆"和"最后的胜利"吗?而"馥郁"本为"芬芳"之同义语,在此处,却含有"心神向往的美好的事物"之意。我虽然无法前往大后方,但我在沦陷区耐着性子等天亮,和每个老百姓一样的爱国,这不是假的:有诗为证。张爱玲说她不喜欢我这首名作,嫌它太过"做作"了一点。可是我想,那也许是由于她来自《红楼梦》的文学世界,却从未受过象征主义洗礼之所致。而就在此诗发表之后不久,人们就称我为"鱼诗人"了。我很喜欢这个雅号,比

---

1 《东方早报》,2015年8月2日,第B10版。
2 纪弦:《纪弦回忆录·第一部·二分明月下》,联合文学出版社有限公司,2001。

起以前的"臭袜子诗人"来,好听多了。

当时,我对诗人在诗作发表几十年后的如此自评是持保留态度的,加了这么一句评论:

《散步的鱼》有诗人自称的"微言大义"吗?我看不出来。诗论家自不妨去挖掘一番。

拙文发表几年来,似未见到有诗论家去挖掘此事。最近机缘巧合,读到诗人路易士在《散步的鱼》发表两个月后所写的文章《释"散步的鱼"》[1],这是诗人很重要的一篇诗论,很值得诗人和诗歌的欣赏者参考。但此文中同样涉及"远方和明日"的地方,诗人的说辞和后来并不一样:

我在诗的第四节的两行"馥郁的是远方和明日/散步的鱼,歌唱"里所预感了的新时代,是不固形的,不确定的。因为它还没有到来,无法摄影。但我坚决相信它的必然到来,而且是美好的。我已经闻嗅到它的"馥郁"了。眼前虽则是雾的茫茫海,但是"远方"和"明日"则给我们以希望,给我们以勇气。于是我继续生活下去,奋斗下去,感受一切苦难,张开两臂,迎接新时代的到来。而在它的到来以

---

[1] 《中华日报》,1944年5月30日。

前,我"歌唱"它。至于末节的"散步的鱼",虽则也是写我自己的,但其主要任务,在于呼应首节两行,也同样是技巧上不可缺少的必然运用。

很明显,诗中"远方和明日",在当时诗人的笔下"是不固形的,不确定的",很难和后来诗人所说的"重庆"和"最后的胜利"对上号。

其实,诗人路易士诗中"远方和明日"的概念,早在《散步的鱼》发表前十天,即1944年3月18日,路易士在《中华日报》刊登的八十八行的新诗《我活着》就出现了,且看这首诗开头第一段:

> 我活着。/我歌。/我出发——/到远方,到明日。/远方也许没有花吧?/明日也许没有光吧?/但我的活着/乃是一个实感:/我歌,故我活着。

诗的末尾仍有呼应:"而且出发——/到远方,/到明日。/我信那是有花的,/我信那是有光的。//故我微笑着。"

如此看来,诗人路易士那个阶段,确实对"远方和明日"颇多思考,并有多期待。

我曾在《"巨人之死"与"巨星陨了"——路易士两首诗作

的辨析及史料新发现》[1]一文中写过：

在一个偶然的机会，笔者在《申报月刊》1944年第11期上，看到一则论者从来没有提及过的史料《记第三届大东亚文学者大会》一文，涉及路易士的诗歌创作。该文在叙述了第三届大东亚文学者大会与会代表11月12日下午以大会全体代表名义用中文和日文为刚刚死去（11月10日）的伪政府头领汪精卫致吊词后，接着写到：

继之，上海诗人路易士亦自告奋勇，谓即席成诗一首，题为《巨星陨了》，请求登台朗诵。经议长转达后，闻者鼓掌。于是路诗人昂然登台，高声朗诵，其词如后：

扬子江在呜咽。

紫金山在叹息。

十一月的噩耗传来，

亚细亚的巨星陨了。

…………

听那太平洋的海水

鼎沸，狂啸；

…………

滴滴是

先生的辛酸泪。

---

[1] 《名作欣赏》，2011年第13期。

……………

啊啊，谁来收拾

这山河的破碎！

（《申报月刊》1944年第11月号，第36—37页）

从文中的省略号看，诗应该没有全引，也不知道此诗后来是否正式发表过。不过，据周越然追记第三届大东亚文学者大会的文字《自大会归来》[1]记载，汪精卫死亡的消息"正式在会场上公告，是十三日的下午。我们听到之后，即全体起立，并且静默三分钟。半小时后，人人都臂缠黑纱，带了孝了"。因此，路易士登台朗诵《巨星陨了》一诗的确切时间，还有待进一步核实。

查上海《中华日报》1944年11月18日，刊载有路易士的诗作《巨星陨了》，两相对比，发现《申报月刊》所刊登的《巨星陨了》就是全诗，并非我当时文中所认定的"从文中的省略号看，诗应该没有全引"，因为文中所谓的省略号，乃是分段符号，被我误认了。

之所以不厌其烦引用《巨星陨了》相关文字，是我认为此诗足以和《散步的鱼》（包括《我活着》）加以对照，厘清当年诗中"远方和明日"的含义。《巨星陨了》最后一节"啊啊，谁来

---

1 《文友》，1944年12月15日，第4卷第3期。

 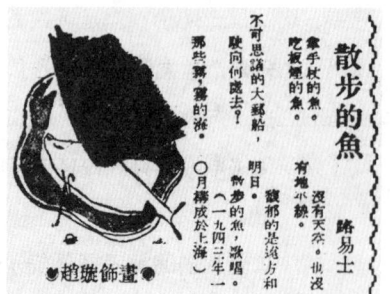

路易士发表于1944年11月18日《中华日报》副刊《巨星陨了》书影

路易士发表于1944年3月28日《中华日报》副刊《散步的鱼》书影

收拾/这山河的破碎",对照路易士《释"散步的鱼"》中所言"眼前虽则是雾的茫茫海,但是'远方'和'明日'则给我们以希望,给我们以勇气。于是我继续生活下去,奋斗下去,感受一切苦难,张开两臂,迎接新时代的到来",可以清晰无误地看出来诗人当时寄希望于收拾破碎山河的主角是谁。如此,"远方和明日"在当时的真实含义,就呼之欲出了。

2018年4月19日—5月8日于南京

附:

释"散步的鱼"

路易士

诗是只可"感受"而不必加以"解释"的。诗人表现,读者感受，这就是一切了。但是诗人的表现力有强些的，有弱些的；风格有明朗些的，有晦涩些的。读者的感受性也有敏锐些的和迟钝些的之差。为此之故，诗的欣赏遂因诗人不同，读者不同而造成了许多的困难。这原来是古今中外都不可免的一个极其普遍的情形。

"中华副刊"的编者把孙杭先生的大作拿来给我看，并嘱我写几句，以作答复。但为了事忙，至今才动笔，对于编者及孙先生非常抱歉。在本文中，我想把《散步的鱼》解释一下。这其实是多余的，但也是不得已的。希望贤明的读者们不要误会我的意思，这绝不是替我自己辩护，替我自己宣传，也绝不是什么自吹自捧。

第一节两行

> 拿手杖的鱼。
> 吃板烟的鱼。

是写我自己的。我是人，不是鱼。但我想象自己是鱼。而鱼乃自由之象征。我追求自由。我是一个自由的追求者。

第二节两行

> 不可思议的大邮船
> 驶向何处去？

是写这个时代的。我想象这个时代是一"不可思议的大邮船",就行在茫茫时间的大海上,而不知它将"驶向何处去"。同时在诗的写作过程中,"大邮船"的浮现于我的诗心,乃是基于鱼的联想,有其内在发展的必然性,是自然的,而非勉强的。

我为什么不用火车、飞行机或其他事物来作为这个时代的象征而独用"不可思议的大邮船"呢?原来这个时代是一个苦闷的,缓慢的时代,而非一个活泼的,飞跃的时代。并且,我自己是,十余年来如一日,坚决地反对着唯物史观之机械的看法。我认为人类历史之明日,不可以预先规定了下来。唯物史观贸贸然预言了明日之社会制度,其实这是最愚蠢的,最不智的邪说,谬论,妖言惑众,不足置信。所以我苦闷,我怀疑。接着第三节的两行

> 那些雾,雾的海。
> 没有天空,也没有地平线。

在加了我的苦闷与怀疑的情绪之表现上,遂成为不可缺少的技巧之必然运用了。

我反对唯物史观之机械的预言,但是高度苦闷和怀疑的结果,我终于感了(原文如此,前有缺字,根据上下文,应为"预感了"——作者注)新时代的到来。预感有殊于预言,预言是机械的,宿命论的;但是预感却非这样,它是自然的,活泼泼的。我在诗的第四节的两行

馥郁的是远方和明日

散步的鱼,歌唱。

里所预感了的新时代,是不固形的,不确定的。因为它还没有到来,无法摄影。但我坚决相信它的必然到来,而且是美好的。我已经闻嗅到它的"馥郁"了。眼前虽则是雾的茫茫海,但是"远方"和"明日"则给我们以希望,给我们以勇气。于是我继续生活下去,奋斗下去,感受一切苦难,张开两臂,迎接新时代的到来。而在它的到来以前,我"歌唱"它。至于末节的"散步的鱼",虽则也是写我自己的,但其主要任务,在于呼应首节两行,也同样是技巧上不可缺少的必然运用。

一首诗是一个宇宙,诸种天体发光并描一定的轨迹于其间,美而和谐,是恒久的秩序,多样而统一,增之一分则太长,减之一分又太短,要它恰到好处,最是呕出心肝乃已之事。如果一个诗人竟毕生之努力而居然能够写出一首(只要一首就够了)好诗来,则他是可以死而瞑目,含笑于九泉之下的了。

诗乃经验之完成。一个情绪,一个思想,一个印象,一个感觉,一个梦幻,悉皆经验。完成一个经验,乃是诗人的所有事。至于"惶恐"与否,"慷慨"与否,根本毫无关系。两者都是情绪,都是经验。一首诗的优劣,要之,视其经验之完成了没有而定。怎么能够根据这个是慷慨的那个是惶恐的来下断语呢?

载1944年5月30日《中华副刊》第437期

吴奔星自作主张修改了郭沫若的《"六一"颂》吗？

2022年11月16日，是我国杰出的文学家、历史学家、文字学家、社会活动家郭沫若先生一百三十周年诞辰纪念日。中国作家协会主管主办的"文艺报1949"公众号当天发表了李斌的文章《"巍巍无产者，赫赫大文豪"——20世纪中国知识分子的杰出代表郭沫若》。其中有一段涉及我父亲、诗人吴奔星：

> 中华人民共和国成立后，郭沫若创作了大量的诗歌，在多数文学史家看来，这些诗歌和《女神》相比在艺术质量上有一定的滑坡，但郭沫若在很多时候却是有意为之。1950年，郭沫若为六一儿童节写了一首《"六一"颂》并发表在《人民日报》上。诗人吴奔星致信郭沫若，批评这首诗："读的时候，似乎在跟着您喊口号，得不到具体、生动的形象，只有些类似教条般的零碎的概念而已"，并自作主张修改了这首诗。郭沫若在回信中答复："我写出那首诗，只是想表示我对于儿童的爱护，并促进世间对于儿童的爱护，倒根本没有当成文艺作品来看。""和谐固然是一种美，但在平板中增加一点破格，便会增加效果"这就是郭沫若的文艺观念，只要有利于人民，文艺的固有形式是可以打破的。

李斌是郭沫若研究专家,曾经出版过《郭沫若书信中的当代中国》[1],在《新时代如何写新诗》一节谈及我父亲就《"六一"颂》和郭沫若的通信。显然,他是很清楚吴奔星致信郭沫若,只是就《"六一"颂》提出批评并有所建议而已。我父亲不是出版社或报刊编辑,根本没有修改作者作品的权利;也没有公开在论文里引用或给学生讲授郭沫若此诗时,径自修改过诗人的作品,何来"自作主张修改了这首诗"?倒是郭沫若,曾公开发表过《替胡适改诗》[2]的文章,把胡适的诗句"做了过河卒子,只能拼命向前"中的"拼命"改为"奉命",讽刺其为奉国民党政府之命的"卒子"。

好在我父亲七十二年前以"宫草"之名写给郭沫若的信还在,他是否自作主张修改了郭诗,此信可为佐证。兹录入如下:

郭先生:

您送登6月2日《人民日报》上的诗——《"六一"颂》,想必千万个儿童已读过了。我因一向爱读您的作品,虽说到了壮年,也已读过了;恐怕还有与我情形相同的千万个壮年也已读过了。您的诗读者是很多的,影响是很大的,但我对于您的这首诗,却有一些意见,想本"责备贤者"之

---

1 云南人民出版社,2021。
2 载南京《新民报·新民副刊》,1947年2月11日。

意，严肃地向您提出。对您个人说，也许可以作一个参考；对千万个儿童及其教师们说，也许更给他们一些启发，即使对整个的文艺界说，这样的意见也许也不无意义吧。您是全国文联的领导人，又受人民付托之重，真是众望所归，我想您——也只有您——一定乐于考虑我的意见，我等待着您的指示并希望仍假《人民日报》连同我这封信一块儿发表出来，为了对人民表示负责的态度，我想您是乐意这样做的。（郭沫若在此段前旁批：当天足下似乎没有去参加大会，假如参加了，或者看法两样一点。最好是征求当天参加的教师和小朋友们的意见。——心海注）

我觉得写给儿童看的诗歌，第一，句子要简明，通俗，并尽可能与口语接近，最好是一致。——至少也得合乎习惯一些。第二，内容要表现得具体一些，不可把一些只表示概念的、抽象的标语口号似的词句连缀成篇。第三，文法上逻辑上（侧重在思想条理的紊乱与否）要保证没有问题。我拿这个标准来衡量您的"六一"颂，有下面这许多意见：

一、先从标题上看，为了醒目并求意义较通俗，音素较响亮，"颂"不如"赞"。如果要引起儿童更为注意的话，倒不如干脆用《儿童节颂歌》或《歌颂儿童节》为题。

二、其次从逻辑上，或思想条理上看：

（1）第一节第三行："这六月一日和正月一日的元旦一样"是有问题的。我们习惯上只说庆祝某某年元旦，并不说庆祝某某年正月一日的元旦。本来"元旦"就是正月一日的意思。如果儿童们学习您的说法,就可能产生"二月一日的元旦,三月一日的元旦……"等说法,显然是不妥的,是有坏影响的。由此看来,可知"正月一日的"这一形容词短语是多余的"蛇足"。广大的工农兵群众说"正月初一"多半是"大年初一",我看这一行不如改为"这六月一日正如大年初一一样"来得既通俗又亲切。

(2)第二节第五行"我们还要发动所有进步的文艺家、科学家"中的"发动"也有些语病。既然是"进步的文艺家、科学家"就不必别人"发动"他们也会自动去做。若真要发动的话,那就是"被动",似乎还需要经过一个时期的思想改造,不能算是"进步的"了。我想这一行不如比照同节第二行"我们有无数的勤劳勇敢的生产者"的组成方法,改给"我们还有无数的进步的文艺家、科学家"来得文字比较匀称,意义比较妥帖。

(3)第二节第八行"使你们不但身体成长,精神上也要成长"也违背了语言的习惯法。您为求词句匀称,这样写作,从修辞的技巧上说也许是对的;但从事实上看,却有问题。咱们中国人只说或只听说精神"饱满""充足""健旺"或"消沉""颓唐""萎靡"……等等,似乎很少(或绝对不)说或听说精神"成长"的。虽然您上文有"也要"二字,将就可以说通,但究竟是不太妥的。

(4)第三节最末一行"要使新时代的儿童人人都成为斯大林、毛泽东"中的"成为"也是有语病的。斯大林、毛泽东是苏中人民革命事业的最伟大的领导人物，鼓励儿童"人人都成为"他们，然则谁"成为"干部？当然，您的原意决不会是这样，不过，使那些向儿童讲解这行诗的人可就费事啦！能不能把"成为"改为"学习"或"像"字？

三、再次从文法修辞上看：第三节第三行"世界保卫和平正在风起云涌"是有问题的。"世界保卫和平"与"风起云涌"似乎配搭不上，如果在"和平"一词下加上"运动"一词似乎比较妥帖些。

四、更从语言的习惯上看：

（1）第二节第十行"好让你们来添花锦上，光大发扬"中的"添花锦上，光大发扬"是非常生硬。您为了协韵竟忍心把儿童们及成人们听惯了说惯了的"锦上添花"、"发扬光大"两个最通俗的词儿头尾颠倒，弄得生剌剌的，这种修辞的方法，在今天文艺界"普及第一"的口号之下，似乎是不足为范——不值得下一代学习的。

（2）第三节第六行"成千上万的白鸽子向全世界送出和平的信号"及第八行"对于儿童要作保重，保重，第三个保重"，过于冗长、洋化，不合乎咱们中国人说话的习惯。尤其是"白鸽送和平信号"对于儿童是陌生而不亲切的，因为不是土生土长的，在他们的想象中"白鸽"与"和平"如果不加解说是粘不在一起的。"第三个保重"也不像中国人说的。不如比照第一节第四行一连来三个"健康"，勾去洋化的字眼儿"第三个"，一连来三个"保重"。如果非把

"保重"一词的意义加重不可,那就不如用咱们土生土长的"千万保重"来得自然一些。

五、最后从全诗的结构及风格上看:您这首诗共分四节,中心意旨表现在前三节。而第四节竟以三句口号作结束(《人民日报》发表郭诗以竖排形式,中间以星号作为分段符号,其中有一节正好折行,导致吴奔星原信中把郭诗误作五节,此处按照四节修正。——心海注)。这就全篇的气氛说,是不太统一的,失去了和谐的美。第三句口号也有第二项第(4)条所说的语句存在。其实您不必添这三句口号,因这三行的意思早就融化在全篇了。

郭先生:您从发表《女神》的时候起到现在所写的诗为止,近三十年,内容尽管有些不同,而风格却似乎没有大的变动。"夫子之道,一以贯之",究竟是进步?退步?抑停滞?我手边资料不够,不敢瞎作论断(郭沫若旁批:希望搜集材料,进一步批评。——心海注)。不过,像"六一"颂这样的内容似乎不一定以诗的形式来表达。因为读的时候,似乎在跟着您喊口号,得不到具体、生动的形象,只有些类似教条般的零碎的概念而已。您以往的诗多半是成功的,但这首诗却似乎失败了。

郭先生:以上这些意见,也是乘一时的兴致并未多加斟酌写出来的。表面上看去,似乎我在班门弄斧,自不量力,拿一根筷子吃藕,挑您的眼儿。其实我是您的作品的忠实的欣赏者,您的诗文我曾不断地选给专科以上的同学们精读呢！与其说我在找您作品上的错儿，不如说对您的作品表示用心精读。"六一"颂这样的诗，本来是应酬诗中的应景诗，是您逗小孩子玩儿的——使他们高兴高兴的（郭沫若旁批：能使他们高兴，就是大成功了！——心海注），原算不了什么一回事儿。试问古今中外有哪一位文学家是以写应酬诗而成名的？试问古往今来有哪一首应酬诗足与"天地长春"？况且，您是一个忙人儿，负有人民所托付的重任，哪儿有许多工夫去推敲应景诗？还不是一挥而就么？本来嘛！六月一日才过的儿童节，六月二日您的诗就出现在报纸上了。急急忙忙的自然免不了一星半点儿的疏忽。——对于您，不正如日月之蚀么？并无损于您原有的光辉的。何况这中间也许还存在着我的理解未明，认识不够的可能性呢？我是一个教师，也是一个没有成绩的文艺工作者，我所提的意见未必是完全正确的。这封信算是对您"抛"的一块表示敬意的"砖"，看能不能"引"出您的最可宝贵的"玉"来，算您在"六六"教师节赏赐我的"礼物"？

  此致

敬礼

        吴宫草

        六月二日晚

 通讯处：北京宣外烂缦胡同四十一号湖南会馆转

 电话：三局二四八四转。

信中通讯处为"北京宣外烂缦胡同四十一号湖南会馆"，这是吴奔星1949年离开苏州国立社会教育学院教授的教职，8月应老师黎锦熙之召到北京后一段时期的临时居住地。当时黎锦熙和齐白石应北京市民政局之请，组成"湖南会馆财产管理委员会"，黎因工作头绪较多，嘱托吴奔星以管委会"委员"身份，代行"主委"之职[1]。吴奔星除了在北京从事文艺创作外，有作品发表于《光明日报》《人民日报》，还兼任北京师范大学附中、重工业部国立高工国文教员；1950年7月后，吴奔星任北京市人民政府文教局编审，从事中级语文课本编辑工作，编成一套六本专供工农速成学校使用的语文课本，同年10月出版《语文教学新论》（察哈尔文教社）。直到1951年8月接到武汉大学校务委员会主任委员邬保良聘书，吴奔星才离开北京，赴任武汉大学文学院教授。这是题外话。

至于署名，"宫草"本是吴奔星1936年在北平创办《小雅》诗刊时启用的笔名，也曾在戴望舒主编的《新诗》发表过诗论。1940年9月，吴奔星发表于桂林出版的《诗》第2卷第1期的诗论《略论诗的"民族形式"》，同样署名"宫草"，对郭沫若的诗作有所批评，有兴趣的论者可以关注。

吴奔星在信中，对郭沫若的《"六一"颂》提出了不少意见和建议，简言之，主要有：一、逻辑上的问题——如"这六月一日和正月一日的元旦一样"，吴奔星认为"元旦"就是"正月

---

[1] 参见吴奔星：《烂缦胡同之恋》，载韩小蕙主编《永久的悔》，华艺出版社，1995。

1950年6月2日《人民日报》头版发表的郭沫若诗作《"六一"颂》

郭沫若1950年6月4日回复吴宫草书信书影之一

吴宫草1950年6月2日致郭沫若书信书影之一

一日",如此并列,就是"蛇足",不如改为"这六月一日正如大年初一一样",既通俗又亲切;"要使新时代的儿童人人都成为斯大林、毛泽东"这样的句子,令人费解。二、文法修辞问题——如"世界保卫和平正在风起云涌",主谓搭配不当。三、语言习惯问题——既有为了协韵把"锦上添花,发扬光大"写作"添花锦上,光大发扬"的问题,也有"不合乎咱们中国人说话的习惯"的"对于儿童要保重,保重,第三个保重"的毛病。四、指出郭诗第四节三句以口号结束,失去了和谐的美,认为"不必添这三句口号,因这三行的意思早就融化在全篇了"。

吴奔星在信中提出,"《'六一'颂》这样的内容似乎不一定以诗的形式来表达。因为读的时候,似乎在跟着您喊口号,得不到具体、生动的形象,只有些类似教条般的零碎的概念而已"。吴奔星一贯反对标语口号入诗,这和他1986年提出的"诗学是情学"的理论是一致的。

值得注意的是,吴奔星虽然在信中写道"您从发表《女神》的时候起到现在所写的诗为止,近三十年,内容尽管有些不同,而风格却似乎没有大的变动。'夫子之道,一以贯之',究竟是进步?退步?抑停滞?我手边资料不够,不敢瞎作论断",但仍委婉地提出郭沫若"是一个忙人儿,负有人民所托付的重任,哪儿有许多工夫去推敲应景诗"?"试问古今中外有哪一位文学家是以写应酬诗而成名的?试问古往今来有哪一首应酬诗足与'天地长春'"?

吴奔星致郭沫若的信写于郭沫若《"六一"颂》发表的当天

晚上，郭沫若6月4日即做了回复。

宫草先生：

你的来信接到了。"六一"颂的确是在到会之前二三十分钟内赶写出来的。那天九点钟，高教会开幕，非去参加不可，但儿童节筹备处却打来电话也要我非去不可。我因此赶写了那么一首诗。在我的意思，在儿童面前去演说，倒不如用韵文去朗诵，会更有效些。照当天会场上的反映看来，小朋友们似乎很能接受。同样的诗，我在师大二附小也去朗诵了一遍，我有四个孩子在那儿念书，他们回来，我问了问，也说能懂。因此，足下所提出的通俗与否的问题似乎并不那么严重。今天的儿童是有些惊人的表现的，单是儿童节大会上有几位小朋友讲的话，有好些大人恐怕都讲不出来。

"正月一日的元旦"，我是因为有了"六月一日"，故加一个"正月一日"。我们说"正月一日的元旦"，也就如说六月一日的儿童节，五月一日的劳动节，八月一日的建军节，十月一日的国庆节一样，并不是"蛇足"。假如我把它说成"二月一日的元旦"，那才是"蛇足"了。

"进步"是有程度的，"进步"了就不"发动"吧？连电机都会停。事实上中国已有不少"进步"的文艺家和科学家了，但有多少人在替儿童写作呢？还不应该"发动"么？

"人人都成为斯大林，毛泽东"是"七十二行行行出状元"的意思，并没有什么不妥。"学习"是"成为"的初步历程，你是说其因，我是说其果。但我是侧重在果上而歌颂的，不便改。改为"像"字，只是皮毛而已，更不妥。

"世界保卫和平"下，我的原稿上本来有"运动"两个字的，大抵是抄稿的人写掉了。当天参加大会的有五六千人，可以替我做见证。师大二附小的先生和小朋友们也可以做见证。这一条谢谢你的指点。

"添花锦上，光大发扬"，我的确为了协韵，把次序颠倒了一下，你竟下出那么"忍心"的谴辞，我倒吃惊不小。

"白鸽子"与"和平"的联系，在今天的儿童们心中并不那么生涩了。各地好些和平大会上便由小朋友们放过白鸽子。"第三个保重"虽然新得一点，但为什么就不懂了？

最后的三句口号，我倒感觉着特别有力。和谐固然是一种美，但在平板上增加一点破格，便会增加效果。这是近代美学的一个公例。俗语也说的好："要得甜，放点盐。"

承你那么周密地探讨，是应该感谢的。我写出那首诗，只是想表示我对儿童的爱护，并促进世间对于儿童的爱护，倒根本没有当成文艺作品来看。我没有到场去随便敷衍几句演说，而毕竟费了一番心思写出了那么一首东西出来，至少是可以看出我在郑重其事。至于口号不口号或者能否与"天地长春"，我根本没有考虑过。

足下很认真，但把问题也看得严重了一点。思想上有些地方成问题。你要求在《人民日报》上发表，恐怕《人民日报》没有这样多的篇幅吧？我把原件奉还，请足下自行斟酌处理。

敬礼！

郭沫若

六，四

郭的回信，对照来信一一为自己做了辩白。首先，他承认《"六一"颂》是在"二三十分钟内赶写出来的"。不过，对于"正月一日的元旦"和"人人都成为斯大林，毛泽东"的提法，他不认为有什么问题；至于"世界保卫和平正在风起云涌"，他承认"'世界保卫和平'下，我的原稿上本来有'运动'两个字的，大抵是抄稿的人写掉了"。这是他复信中两处"谢谢"吴奔星"指点"的地方之一。不过，在感谢之前，为了证明自己的正确，他还是说"当天参加大会的有五六千人，可以替我做见证。师大二附小的先生和小朋友们也可以做见证"，颇令人忍俊不禁。

对于"锦上添花，发扬光大"，郭沫若承认是为了协韵；但对于"第三个保重"，他避免直接回答"不合乎咱们中国人说话的习惯"的问题，而是自辩说"虽然新得一点，但为什么就不懂了"？

吴奔星最后提出的郭诗第四节以"三句口号"（"斯大林大元帅万岁！/毛泽东主席万岁！/未来的斯大林，毛泽东万岁！"）结束的问题，其实是此信关键所在，也是敏感问题，因此吴奔星无法深入阐述，只是说"不必添这三句口号，因这三行的意思早就融化在全篇了"。然而，郭沫若并不认同，反而说"最后的三句口号，我倒感觉着特别有力"。因为在他看来，"和谐固然是一种美，但在平板上增加一点破格，便会增加效果。这是近代美学的一个公例"。他甚至还以俗语来佐证："要得甜，放点盐。"

值得玩味的是，郭沫若并不觉得自己是在写"应酬诗"，反而认为"没有到场去随便敷衍几句演说，而毕竟费了一番心思写出了那么一首东西出来，至少是可以看出我在郑重其事"。

近些年来，现代文学界提出了一个概念"何其芳现象"。这一现象产生的原因十分复杂，自有专家学者去研究探讨。不过，我从郭沫若给吴奔星这封回信里的一句话，多少看到了些端倪："至于口号不口号或者能否与'天地长春'，我根本没有考虑过"。

出乎意料的是，郭沫若虽然信中如此答复，但到了1953年3月人民文学出版社推出《新华颂》时，收录的《"六一"颂》却进行了较多的修改。其中涉及吴奔星信中所提问题的修改部分有：

第二节中"添花锦上，光大发扬"，改成"锦上添花，光大发扬"，前面作了修改，后面仍维持不动，看来郭先生也认识到，除了协韵之外，通俗用词的习惯性还是不能随意更改的。

第三节里"世界保卫和平正在风起云涌"，改为"保卫世界和平的运动正在风起云涌"，算是弥补了当初"抄稿的人"的错误。

第三节最后两行"对于儿童要保重，保重，第三个保重；/要使新时代的儿童人人都成为斯大林,毛泽东",一并删除,前者应该是郭先生的确不只是觉得"新得一点"了,而后者,按照郭先生原信中是"不便改"的,好在可以删除……

第四节,即最后的"三句口号",在《新华颂》中已经不见踪迹。究竟是什么原因让郭沫若先生舍得把当年"感觉着特别有力"的"最后的三句口号"尽情删削呢?其实,身为诗人的郭沫若,是不会不考虑"口号不口号或者能否与'天地长春'"的。在1920年初写给宗白华的一封信中,郭沫若就曾明确地指出过:"诗的本职专在抒情。"(《论诗三札》)到19世纪30年代中期,他又说:"诗歌的形式当用以抒情。"(《郭沫若诗作谈·关于〈前矛〉〈瓶〉〈恢复〉》,1936年《现世界》创刊号)毋庸置疑,不用吴奔星在信中点明"不必添这三句口号,因这三行的意思早就融化在全篇了",郭沫若也清楚这三行口号是"蛇足",只不过当时以之为政治时髦,他不"感觉着特别有力"又能如何呢?

当然,郭沫若自己也对《"六一"颂》做了其他一些方面的修改,比较引人注目的是"我们反对原子武器的使用"一句,变成"我们反对大量杀人的武器的使用",这和中国当时已经开始原子武器的研制不无关系。2018年4月22日,《文汇报》资深记者郑重在《新民晚报》发表《原子弹计划是如何制订的》一文,曾任地质部副部长、中国第一颗原子弹爆炸的指挥者之一的刘杰在文中透露:1952年夏天,中国开始编制第一个五年计划,就已经提到要不要搞原子弹及核武器的事了。郭沫若时任中科院院长,自然知晓此事。当然,中国自第一颗原子弹爆炸后,一直"坚定奉行在任何时候、任何情况下都不首先使用核武器的政策"罢了。

我父亲吴奔星1980年曾在淮阴师专编的内部刊物《活页文史丛刊》32辑披露"郭沫若与吴宫草讨论《"六一"颂》一诗的信",并写下"跋"如下:

> 以上是郭老与宫草讨论《"六一"颂》一诗的信。郭老生平对自己写的诗发表意见的不多。现在郭老已作古人,这种讨论诗的信就弥足珍惜。
>
> 郭老当年的《"六一"颂》,从诗的角度看,是以文为诗,以议论为诗。但正如郭老说,他是"郑重其事"的。宫草的意见,提得那么仔细,当然也是郑重其事的。虽然有些意见偏激了一些,却也是从爱护郭老、尊重郭老出发,并无他意。如果这两封信对广大的作者与读者有所启发的话,那就是作者与读者之间甚至作家与作家之间可以展开开诚布公的讨论,读者要勇于或敢于向第一流的名作家提出实事求是的意见,作者也不要太爱惜自己的荣誉,很有雅量地接受读者的意见。
>
> 吴奔星一九八〇年六月七日,徐州师院

当时,郭老声望如日中天,吴奔星的"跋"语写得十分委婉,并自称"有些意见偏激了一些",也没有透露"宫草"的真实身份。不过,他在"跋"中提出的"作者与读者之间甚至作家与作家之间可以展开开诚布公的讨论,读者要勇于或敢于向第一流的名作家提出实事求是的意见",是颇有真知灼见的。

李斌身为中国社会科学院郭沫若纪念馆研究员,近年曾为郭沫若撰写过辨污白谤的文字,态度严肃,令人钦敬。李斌在专著《郭沫若书信中的当代中国》以七页篇幅叙述吴奔星与郭沫若就《"六一"颂》的通信,能穿透文字的表象,去窥视诗歌背后的文章,达成"这不是郭沫若个人的问题,而是那个时代的新诗写作风尚"的论点。他在史料上也用功颇勤,在"宫草"身份尚不明确时即推断出"吴宫草就是吴奔星"。遗憾的是,他在上述文章中认定吴奔星"自作主张修改"郭诗(反观郭沫若在回信时说:"承你那么周密地探讨,是应该感谢的。"),不但失于武断,也没有事实依据。吴奔星、郭沫若关于《"六一"颂》的通信,不但是1949年之后重要的新诗文献,而且对研究郭沫若的创作及思想至关重要,为避免以讹传讹,全文披露二者之间的通信,非常必要。

2022年11月28日

孙大雨的指控和周策纵的讹传

——为何其芳、吴奔星一辩

2010年前后，我在为先父吴奔星搜集整理民国时期发表的诗文，一个偶然的机会，读到周策纵先生文章《我和孙大雨先生认识的经过》以及所附录的孙大雨写给卞之琳先生的一封信[1]。我本来对周先生只闻其名，并未读过他的著作，只是因为这篇文章及信中涉及先父，才引起了我的注意。这篇文章里，有周先生1986年11月7日拜访孙大雨先生的一段对话记录稿。一眼望去，信口开河处颇多，显示作者对大陆诗坛了解甚少、隔膜很深，但因为当时忙于先父《暮霭与春焰——吴奔星现代诗钞》[2]的编辑工作，且对周文中指控何其芳"偷孙意"一无所知（当时也没有精力去专门关注），更何况那个时候也不知道如何投稿一家台湾文史刊物，就一笑置之，没有形成申辩或商榷的文字。

前不久，在微博上看到朋友转发周策纵作品集由世界图书出版公司北京公司2014年出版的消息，心中一动，去网上查了目次，结果，在作品集第1册《怀己怀人》目录里中发现有《我和

---

1 《中国文哲研究通讯》第14卷第1期，2004年4月。
2 昆仑出版社，2012。

孙大雨先生认识的经过》一文！我思忖，周先生虽然已经在2007年去世，不过他十年前在台湾发表的文章，重新收录在文集里由大陆出版，文章中与事实不符的地方，即便不删节，也应该由编者注明吧。既然出了大陆版，还是应该把书买来看看。于是当即在电商下单购买，第二天书就到手了。令我大吃一惊的是，翻阅之后，才发现这篇文章除了改为简体字外，除了"编按"中把"本所"改为"台北'中央研究院中国文哲研究所'"外，内容和十年前台湾刊物发表时一模一样，且无任何注释或说明。

先看周策纵拜访孙大雨先生时的一段对话记录稿吧——

1956年孙大雨一文论meter，由罗念生交给何其芳看，何即花了一个月时间，写了《中国的格律诗》一长文，偷孙意，提前二年，说是1954年所写，时何为中国文学研究所所长，共产党员，延安座谈会会员，收入《读诗与写诗》小册子，有文五六篇，1956年12月出此书。孙的文章于回沪后由《复旦学报》分两期（1956年第2期及1957年第1期）发表。孙有信给卞之琳谈此，何于1981年在《文学评论》写一文要吴奔星（何之学生）写一文，说孙是新月派诗人，批孙sonnet（何与卞为同学），说孙比闻一多发表sonnet晚十年，但孙有sonnet《爱》载于1926年4月10日的北京《晨报·副镌》，闻一多之《死水》一诗发表于该刊，比孙的晚了五天。

查2016年1月11日我所发的新浪微博，有如下表述："周策纵先生真是喜欢信口开河，1981年起何其芳先生于地下了。此文最初发表在台湾的刊物，现在大陆出版了，编辑也不把关，闹出天大的笑话！"因为何其芳1977年7月24日就去世了，怎么可能在1981年还在《文学评论》上写一文要吴奔星撰文云云？这是其一。至于说吴奔星为何其芳的学生，更是毫无根据，虽然此文注释中称是与"孙大雨对话记录稿"，但文后"附录二"《孙大雨致卞之琳信》中谈及何其芳和吴奔星时，并无二者师生关系的表述。我最初读到周先生此文时，正在编选先父《暮霭与春焰——吴奔星现代诗钞》，记忆十分深刻，因为其中选录有诗作《吊诗人——为朱湘先生逝世周年而作》，于1934年12月5日发表于柳无忌主编的天津《益世报》"文学周刊"第40期"朱湘纪念专号"，而孙大雨先生悼念朱湘的诗作《海葬》，是专号上仅有的两首新诗的另一首，就刊登在吴奔星诗作的旁边！作为诗人的孙大雨先生，是不会搞错辈分，没有根据地信口指称吴为何其芳的学生的！

当然，上述的问题（包括何是"中国文学研究所所长""延安座谈会会员"的提法，也不严谨），不算原则性的大问题。不过，读到孙大雨1985年12月6日致卞之琳先生信，看到他说何其芳窃取其"造意"，颇有悚然心惊的感觉，因为这是再严重不过的指控，涉及的是何其芳的人品！由于这段文字有涉及先父吴奔星的部分，比周策纵先生转述的文字更加准确和清楚，有必要引用重点部分如下：

  关于何其芳，我有几句话对你说。1956年2月初我到北京开会。带了我的论文《诗歌底格律》手稿，给我的朋友念生看。我没有跟他说不要给旁人看，那是我的疏忽。他为人天真，看完后觉得好，就给他的"领导"何其芳去看。何当即窃取了我的造意，花大约两个月时间，赶写他那篇《关于现代格律诗》，写作日期倒填为1954年4月10日，并且赶紧以他任文学研究所所长的身份，要作家出版社（即人民文学出版社）在当年（1956）出版他收有此文的《关于读诗和写诗》那本小册子，赶在我发表我的论文之前。我那篇论文比较长，有七八万字，上半篇虽在1956年10月在《复旦学报》（人文科学版）上发表出来，发表下半篇论及我所创建的新诗格律制度音组时，已在1957年7月间。一般说来，大学的《学报》看的人不多，而且印数也不多。因此，当时特别是北京的知识分子，比较年青的，都以为倡建和首先提倡新诗格律制度的是何其芳。后来在1980年第2期《文学评论》上，有个吴奔星，发表他的《论新月派诗人》的文章，批评我的一首商乃诗《回答》，说有两个毛病，一是有一句句子横跨两行，二是把爱情比喻为海浪的浮沤；浮沤是很脏的。他说，不能比作纯洁的爱情。他说他这篇文章经何其芳看过，意思是何是文学方面的权威。他这一批评就把我打倒了。这就证明何其芳跟他同样无知，而且想打倒了我抬高他自己。据你说，何其芳懂德文，曾中译海涅的诗。而一般大学毕业生都懂英文，因为英文素来在大学里被列为一年级学生所必修的课程。何其芳知道分行写新诗。但不知道西方文字里诗有跨行或泛溢（enjambment, run-on line）的写法，所以他不晓得吴奔星的无知，因为他也是无知的。他和吴奔星都不晓得大海中海浪彼此冲击会产生浮沤，那浮沤并不脏，一会呢就会回到海浪里去。

上述文字，有两个重点，需要一一廓清：

1. 何其芳《关于现代格律诗》发表于1954年

在孙先生的笔下，何其芳不但剽窃了他的创意，而且为掩人耳目，还做了很多小动作，如把文章撰写日期倒填为1954年4月10日，并利用身份之便，赶在孙论文发表前出版收录《关于现代格律诗》的小册子，造成人们误以为是何首先提倡新诗的格律。如果指控属实，实是令人不齿的行为，将导致何人品、文品的破产！

周先生披露的孙大雨致卞之琳的这封信，在海峡两岸都是第一次。周文及孙信后有"编按"云："周策纵先生原文及附录均无批注，为台北'中央研究院'中国文哲研究所图书馆员林耀椿先生所增补。"但对信的来源，只字未提，猜想应该是孙大雨先生提供给周先生的底稿。卞之琳先生是否收到此信，是否有所回应，周未提及。恕我孤陋寡闻，迄今尚未见到有人对此信的内容进行引用或评述。

对于何窃取"造意"的文章，在周先生文中和孙先生信中，题目分别为《中国的格律诗》和《关于现代格律诗》，应为同一篇文章，不过，只有后者，林耀椿先生加了一个注释，为"何其芳:《关于现代格律诗》,收入何其芳全集,第4册,288—307页,石家庄:河北教育出版社,2000年"。

令人不解的是,周文中提及的孙大雨先生说他文章发表于《复旦学报》,原始出处的时间和期数都十分清楚(1956年第2期和1957年第1期),林耀椿先生在做注释时,却添加了"另见《孙大雨诗文集》,石家庄:河北教育出版社,1996年,92—189页"字样,但对何其芳的《关于现代格律诗》只标明其身后全集的出处,对文章最初发表的出处却不加提及,恐怕未必是疏忽的原因吧。此文是孙大雨指控何其芳剽窃其"早意"的关键文章,原始写作时间和发表(出版)时间十分关键,林耀椿先生身为"中国文哲研究所图书馆员",在2004年查出文章最初来源,应不困难,即便当时困难,2014年周先生文集在大陆出版,书的编者和责任编辑,也应该对如此严重的指控再行核实一下才对!

孙大雨在给卞之琳的这封信里,还批评卞"在纪念闻一多八十岁生辰的1979年《文学评论》里说一多最早引入sonnet进我们的新诗里,我随他之后才写sonnet,那也不符合事实。你把我的发明创建弄虚作假贡献给一多,一多是个诚实人,他决不会同意你的混淆是非,张冠李戴"。鲁迅先生在《纪念刘和珍君》里有一句著名的句子"我向来是不惮以最坏的恶意来推测中国人的",但我是不敢在这里以同样的思路对待孙大雨先生,但我绝对同意孙先生对闻先生"决不会同意混淆是非、张冠李戴"的评价,孙先生对何其芳的指控是否出于恶意或成见,我无法做出判断,但正好比水天同先生在《胡梁论诗》[1]中批评胡适、梁实秋所说的"先给狗一个恶名然后缢杀之"(Give a dog a bad name and hang it),其法虽妙,可惜有点不公。孙先生对何其芳的指控,犯的是同样的错误,何其芳的《关于现代格律诗》写作时间并非孙先生笔下的"写作日期倒填为1954年4月10日",而是早就在1954年就发表于当年5月16日出刊的《中国青年》半月刊第10期了。根据孙大雨先生自己的叙述,他是1956年2月到北京开会时把稿件给罗念生先生看,罗又给何看的,于是被何窃取了"造意",如果这一说法能够成立,就只能认为科幻电影的时空穿越在现实中真实存在了!

我对新诗格律没有研究,眼下也没有精力去对照孙、何两位先生的文章,看看他们在新诗格律上的看法雷同到何等地步,以致造成孙先生认定何窃取了他的"造意"!据我所知,《中国青年》是20世纪50年代在中国大陆无论发行量还是影响力都很大的刊物,即便大半个世纪后也不难找到,《复旦学报》自然无法望其项背。假设何其芳先生活到孙大雨先生指控他窃取"造意"的时候,是不是完全可以根据文章发表先后顺序,来反诉孙先生剽窃呢?!

事实上,何其芳的《关于现代格律诗》在《中国青年》1954年第10期发表时,就有一段前言,说:

> 《关于写诗和读诗》在《中国青年》上发表以后,我收

---

[1] 《新中华》第4卷第7期,1936年4月10日。

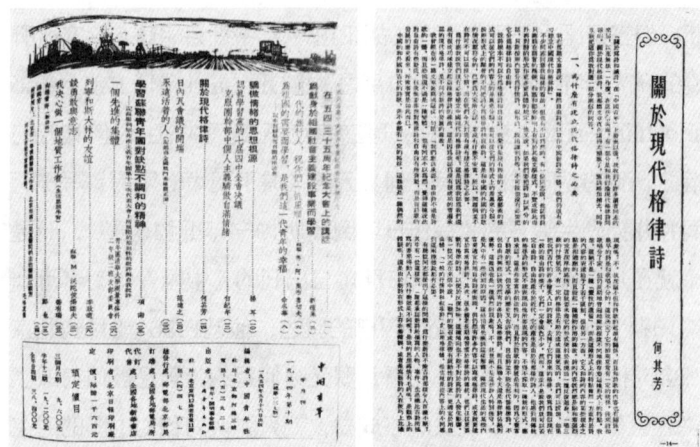

1954年5月16日出刊的《中国青年》半月刊第10期目
录、版权页,以及何其芳《关于现代格律诗》一文

到了许多读者同志的来信,以至无法一一作复。在这些信里面,有一部分是和我讨论现代格律诗问题的。关于现代格律诗,我那篇文章实在讲得太简单了,应该略加补充,同时也就把这作为我对这一部分来信的回答。

查《中国青年》1953年第23期,确实有署名何其芳的《关于写诗和读诗》一文,原来此文是他在北京图书馆演讲的讲稿,发表后,读者与他讨论现代格律诗问题,于是补充成为《关于现代格律诗》。创作的过程和时间,清清楚楚,和孙大雨没有任何关系。

2. 吴奔星"《论新月派诗人》"与何其芳的关系

周策纵先生所记录的和孙大雨先生的对话,称我父亲是何其芳的学生，秉承何的意思写文章说孙大雨是新月派诗人，和孙写给卞的信并不相符，是否当年孙所说的话，无从考证。前述的新浪微博发表后，北京文化史研究专家钱光培跟帖说："我以为，作为研究者对于访谈或回忆录，乃至书信，最好还是考证一下再行使用。避免以讹传讹。一时考证不明，宁可暂藏不露。"这是非常严肃的态度。

孙大雨在给卞先生的信中提到我父亲发表在《文学评论》1980年第2期的文章"《论新月派诗人》"，批评了他的"一首商乃诗《回答》"，"他说他这篇文章经何其芳看过，意思是何是文学方面的权威。他这一批评就把我打倒了"。

这里的"《论新月派诗人》"，题目并不正确，应为《试论新月诗派》，不知道林耀椿先生为何没有加注。此文发表时，有一个"附记"，如此表示：

> 《试论"新月诗派"》写作过程中，曾得到何其芳同志多次帮助，并吸收他的有益的观点，最后经他修订，成文后，曾决定在一九五七年《文学研究》（即现在的《文学评论》）第三期发表，稿已付排，终因众所周知的原因，未能问世。今特从存稿中检出，略加修订，凡其芳同志润饰过的，都保存原貌，也算是对其芳同志的一点纪念。

《试论新月诗派》一文初稿于1950年代中期，本拟发表在1957年《文学研究》（《文学评论》前身），这是非常不容易的事,因为当时现代文学流派研究涉及政治太多,基本属于禁区,尤其是新月诗派,成员复杂,左右咸集,当然后来有所分化(如闻一多),但论者都绕过不谈。可惜终因"众所周知"的原因,即吴奔星被错划为右派分子,上了版面的稿件被临时撤下,直到二十多年后的1980年才由当时、现在均为最权威的中国文学研究期刊《文学评论》发表,即便晚了二十多年刊登,当时依然有振聋发聩的作用,被公认为是新中国第一篇讨论文学流派的论文、开文学流派研究的先河[1]。当然,也不讳言,吴奔星这篇成型于20世纪50年代中叶的论文,虽然在现代文学流派研究领域有开创性的作用,但时代的局限难免存在,况且这篇长达一万八千字的文章,涉及孙大雨的诗歌仅仅五百字,不过一家之言、一时之言,如何能够一下就把孙打倒?

在这里,我还有必要披露一件十分重要的事实,我父亲吴奔星1987年为江苏文艺出版社主编中国新诗诞生以来第一部《中国新诗鉴赏大辞典》时,我也参与了一些编务工作,看到先父写信向孙大雨先生约稿,在未获回复的情况下,仍亲自圈定篇目,请孙玉石、岳洪治两位新诗研究专家撰写了孙大雨两首诗作的鉴赏文章,其中就有包括上述的商乃诗《回答》!这说明随着时间和观念的转变,我父亲对孙大雨这首诗作的评价也有了很大的改变!《辞典》出版后,出版社应该按照规定向孙大雨先生寄送了样书。我不知道孙先生看了之后,会有什么样的感触。孙大雨先

---

1 王华超:《伏枕集》,时代文艺出版社,2005。

生,是我父亲尊敬的前辈诗人,两个人20世纪30年代同在《天津·益世报》《新诗》等报刊上写诗,1957年又同在"反右斗争扩大化"里罹难,先父生前是绝对不会想到孙先生会因为一篇文章对他耿耿于怀的,而我多年后读到孙先生致卞之琳的信后,才终于恍然大悟……

至于何其芳对《试论新月诗派》的修改意见,吴奔星曾整理为《论新月诗派信》并加以跋语发表在1984年第6期《何其芳研究》,后以《论"新月诗派"书》为题收录于《何其芳全集》第7集52—57页,不过,这个意见里并未涉及孙大雨诗作《回答》的跨行问题或爱情纯洁与否问题,孙先生所谓何其芳和吴奔星"同样无知,而且想打倒了我抬高他自己"的想法,未免有被迫害狂的妄想了。

卞之琳先生1988年1月7日曾在《人民日报》发表有《何其芳与诗派》一文,曾表示:

> 最近翻看四川万县师专编行的《何其芳研究》第6期(1984),读了何其芳《论新月诗派信》(附:吴奔星《跋》),我觉得他还是也许正因为有过切身体会,把一般人对于这个诗派情况的流行说法矫正到比较实事求是,虽然他写信已在"反右派"运动开始了的1957年7月的政治气压下,难免还有些"左"。

卞先生还继续指出:

其芳否定陈编《新月诗选》作为这派诗的界限，当然无意要打开它的门户，把自己和别人也塞进去，也无意方便别人从那里脱身。我现在证实与附和他这种说法，也无意要洗刷自己或把别人拉下水——归入历史上的《新月》诗派或《现代》诗派。我提请注意其芳的诗派论，无非认为它对我们划分历史上的诗派以至现在的任何派而避免简单化，会有启迪作用，会有裨益。诚如吴奔星同志所说："如何评价新月诗派仍然是可以讨论的。"其芳在信上所说的当然是还不能看做定论。

之所以要不惮篇幅引用这些文字，是因为周文里记录有何要吴奔星为文"说孙是新月派诗人，批孙sonnet"的提法。此外，卞先生此文前面，还有和《现代派诗选》编者蓝棣之的一段闲谈：

我随便问他编《新月派诗选》选不选臧克家的一些早期诗。回答是否定的，说是不敢，正如他编《现代派诗选》的时候不敢选艾青的一些早期诗。这不出我所料。

由此可见，在1980年代初期和中期，人们的观念因长时间的禁锢尚未能足够解放，那个时候的选家选诗人入某个流派、诗人被列入与不列入某个流派，不但谨小慎微，甚至有可能谈虎色变，并不像后来唯流派是尊，甚至以列入一个生生编造出的历史上并不存在的流派为荣。由此看来,孙先生对《试论新月诗派》一文中对其不足五百字的强烈反弹,就能够理解了。

不过,蓝棣之先生说《新月派诗选》不敢选入臧克家的早期诗作,很有可能是多虑了。我手头保存有臧克家先生1980年3月29日所写的一封由《文学评论》转给先父的一封信,此前从未披露过,信中说:

> 喜读您"论新月派诗"的文章,甚为高兴。我个人觉得您的这篇文章,是科学的,有说服力的。个别地方,还有可以商榷之处。
>
> 几时抽空,我们面谈一下?

这是新时期开始,臧克家写给吴奔星的第一封信。就我所知,臧克家承认吴奔星文章中认为他的早期诗作受到新月诗派的影响。

卞之琳先生的文章《何其芳与诗派》发表于1988年初,似乎是有感而发的,内涵十分丰富。由此看来,周策纵先生所公布的孙大雨先生1985年底给卞的信,是有可能发出的。

孙大雨给卞的信中除了攻击何其芳外,对卞也颇多微词。信的结语是:"一多是我很好的朋友,1925年冬到1926年4、5月间有半年多,我跟他来往很密切。他为人富于正义感,极正派,极厌恶弄虚作假。跟你和何其芳的作风迥不相同。问好。"显然是把卞之琳和何其芳归于一类了。

关于孙大雨先生对卞之琳先生的不满,论者提及的不多,屠

岸先生在《师生情谊40年——悼卞之琳》[1]一文里说过:

> 孙大雨先生译莎剧首创"音组"律的理论并实行,在首创权问题上对卞先生有所误解并产生芥蒂。卞先生对我说:我从来没有僭用孙大雨的"发明权"。但孙译莎剧不是等行翻译,卞更为严谨,译莎是等行翻译而在顿(音组)的处理上更为精致讲究。卞先生在这方面发展并进一步完善了"音组"理论并作了成功的实践。卞先生1982年为《徐志摩选集》所写的序中说:"孙大雨首先提出'音组'";卞先生1985年为自己译的《莎士比亚悲剧四种》写的"译本说明"中说:"译者(卞自称)首先受益于师辈孙大雨以'音组'律译莎士比亚诗剧的启发,才进行了略有不同的处理实验。"称孙大雨为"师辈",把发展和完善称为"略有不同的处理实验",可见卞先生的客观和谦虚。

走笔至此,又想到严晓星文章《在卞之琳先生的窗前》[2]谈及卞、孙两人之间的关系时之语:

> 他们之间如果有矛盾,那也是因学术见解差异产生的矛盾。这里面自然也有个性的差异:卞之琳温婉内敛,孙大雨

---

1 《奇异的音乐——屠岸散文随笔精选》,海天出版社,2012。
2 《条畅小集》,上海辞书出版社,2011,第234—235页。

意气张扬。把对方的译文当作错误的范本向学生展示,换了卞之琳就做不出来。对于孙大雨致信胡乔木一事,我后来也曾求证于一位与晚年孙大雨往来密切的友人,但丝毫不疑心孙大雨先生的耿直与刚正。他们之间的种种纷争,总归还是不曾越过学术讨论的底线,权当《世说》看,则又别是一番风光。

严先生写作此文时,不知道是否看到过孙大雨1985年底写给卞之琳的信。如果看到,恐怕得不出上述的结论来吧。

2016年7月6日—12日

后记:

拙文《孙大雨的指控和周策纵的讹传———为何其芳、吴奔星一辩》,发表于《南方都市报》2016年8月19日,占了一个整版篇幅。2019年8月5日,某报刊登了《何其芳与孙大雨之间的一桩"公案"》。我当年8月8日上午在微信朋友圈发文说:此文主体部分和我三年前发表在《南都》的稿件基本相同,而且文中没有出现孙大雨信函的来源。圈友反应强烈。我在发布此文的公众号后留言表示:"写这类史料或公案文章,起码要先查文献(读秀不查,百度起码查查吧),看看别人写过没有。然后自己再决定是否动笔。这是基本要求。"感谢该公众号大度,把我的留言放出,至今还可以查到。

一桩美丽的误会：石挥辨诗香

第一次见到石挥（1915—1957）的名字，是四十多年前翻阅先父吴奔星主编的《小雅》诗刊合订本，看到上面有诗人李白凤的题跋，读到"石挥辨诗香"之句。父亲告诉我，石挥是很有名的话剧、电影双栖演员，而我那个时候，知道的男电影明星只有王心刚。

1981年，父亲在《奔流》月刊发表《不遇：忆诗人李白凤》一文，回忆了50年代初得到《小雅》诗刊合订本的情形。原来，这个合订本，是诗人、古典文学研究专家陈迩冬先生在北京隆福寺旧书肆上见到，随口告诉了李白凤先生，白凤先生又转告我父亲。1937年，卢沟桥事变爆发，刚刚从北平师范大学毕业的父亲匆匆离开北平，未及携带《小雅》，不禁"闻而色喜"。迩冬先生听说后，"盖其怀故剑之情，有所不能已者，因市归以投之"。白凤先生1952年2月19日把《小雅》送给我父亲之前，在封里篆书"小雅"二字，并题旧诗一首：

> 故书存小雅，吾辈皆老苍。
> 清名重翰苑，嘉誉荐词场。
> 奔星觅旧剑，石挥辨诗香。

迩冬与白凤,心事独微茫。

李白凤先生所谓"石挥辨诗香",是指《小雅》上一段写于1943年9月29日的题词:

> 石挥来北京的当儿,独自去观他的《秋海棠》,候着的时间,从商场上买到这合订本。诗,我默默地爱了她。诗——她给我一缕安慰的光,在这秋风吹黄的时候。

这段故事,先父除了在上述文章中提及,还在1983年发表于《新文学史料》上的《〈小雅〉诗刊漫忆》再次叙说。后来,两篇文章也都收入他的散文集《待漏轩文存》[1]。

最近,我再次细读《小雅》上的石挥题跋文字,产生疑问,感觉口气并不像出自石挥,尤其是"独自去观他的《秋海棠》"这一句,颇令人费解。

话剧《秋海棠》最早于1942年底在上海公演,持续五个月时间,石挥饰演男一号,爆红上海滩,坊间有"轧米、轧油、轧石挥"的说法[2]。这里"轧米、轧油、轧石挥"乃上海方言,意思是抢购石挥主演的《秋海棠》的票,看戏能够和抢购米、油之类的生活必需品等量齐观,可见《秋海棠》及石挥当时在上海的影响!

---

[1] 上海辞书出版社,2014。
[2] 见沙漠:《往事如蜜》,载重庆市文化广播电视局编《中国话剧的重庆岁月:纪念中国话剧百年文集》,西南师范大学出版社,2007。

诗人李白凤在《小雅》合订本上的题跋

1943年9月29日石挥戏迷在《小雅》上题写的句子（右），以及古典文学研究专家陈迩冬先生题词（左）

1943年9月16日到30日，上海"苦干剧团"《秋海棠》剧组应邀前往北平长安大剧院演出，石挥仍是主演（见侯希三《长安大戏院探往》），如此，除非石挥是导演或编剧，再者就是拍成了电影（不过电影《秋海棠》的主演另有其人），否则，一个主演无论如何是不能去看自己主演的话剧的！

这样看来，在《小雅》上书写文字的，就是石挥的一名粉丝，他在等候时买到了《小雅》合订本，并在秋风吹黄的时候，爱上了诗歌，因为诗歌给他"一缕安慰的光"！秋风吹黄日，戏迷辨诗香，虽然比不上"石挥辨诗香"那么高大上，但同样具有诗情画意！

诗人李白凤的"石挥辨诗香"，虽然是个美丽的误会，然而，身为"话剧皇帝"的石挥，是民国演员里的文字高手，曾写过不少演出札记、散文及小说。虽然尚未见到他所写的诗歌，但对于诗，石挥是很有见地的，《影剧》1943年第3期曾刊登他的《诗与演剧》一文[1]，其中有"诗之感觉是人类中最珍贵的奇迹，在读词时能得其万一就可有很大的帮助，演员，如果能用他们的本能的诗的感觉，和天性的韵律的锐悟来读诵台词，结果可获得不同言语不同种族的观众的相同的欣赏"的表述。如此说来，"石挥辨诗香"也未尝不可。

2015年11月26日

---

[1] 此文1982年上海文艺出版社出版的《石挥谈艺录》失收，也不见穆海亮的《〈石挥谈艺录〉补遗》。

赵瑞蕻：九叶诗派根本不存在

从赵瑞蕻致吴奔星的信说起

2011年5月18日上午，应邀去南京卧龙湖国际社区山顶会所，参加赵蘅大姐作品《宪益舅舅的最后十年》研讨会，我在发言中提及这么一段内容：

> 再说说更早一点的时候，当时我们家还在徐州，陪父亲到南京参加省作协一个活动吧，有幸和赵蘅大姐的父亲赵瑞蕻老人同车，当时还有杨旭先生，他们俩头发都是往后梳的那种，一个说我像不像拜伦，另外一个就说我像不像雪莱，诗人气质横溢，这个印象非常深刻。我这次来还把赵瑞蕻先生于1997年、1998年、1999年写给我父亲的三封信带给赵蘅大姐。[1]

赵瑞蕻："九叶诗派"根本不存在，不成立

在这三封信里，有一封写于1997年6月3日，内容涉及"九叶诗人"，是相当珍贵的文学史料。我几年前偶尔向方韶毅兄提及此事，致力于温州乡贤文史资料研究的方兄颇感兴趣，当时就

---

[1] 子聪：《开卷闲话七编》，上海辞书出版社，2013，第157页。

鼓励我整理出来,并写一段介绍文字。这几年来,方兄催促了几次,但我一直没有动笔,并非事忙或忘记,而是不知如何下笔。前不久,方兄再次表示,他主编的杂志将"虚席以待"拙文,如此,我再没有理由拖拉下去了。那么,就先看看此信的内容好了:

奔星兄:

前天在南师大北边墙外街上(我不知叫什么街了)巧遇,见你还是那么健康;经常又在报刊上拜读大作,你精力还是那么旺盛,真是高兴!最近读了你关于艾青散文美的文章,很有同感,论述得极好,得益很多很多。

我作关于穆旦的回忆散文,承赞许,十分感谢。其中关于所谓"九叶诗派"一点(见《钟山》今年第3期第190页第2段),发表后可能会引起一些争论。但我一直坚持自己的观点,认为这个"诗派"是人为臆造的,即本来根本不存在,不成立的。我听说你对此"派"老早已有意见,也是很不以为然的。我们有共同的见解了,很高兴。不久前,我在上海《文汇读书周报》(1997年1月4日版)上读到《续清华园感旧录》(作者鲲西,亦西南联大同学,我不认识)一文,其中谈道:

八十年代初人们根据当时若干人诗编成的合集,并不代表相同的诗派,其中也不是完全同一辈的人;而且客观上对于后起的诗也未产生什么影响。更后的新诗人,是在对于生命和生活极端痛楚的深思中脱颖而出,那种气势又和四十年代人迥然不同了。

这里所谈还是指所谓的"九叶诗派",不过,未直接点明就是了。我也很赞同他的观点。所论甚是。不知你看到没有,特抄录一段,便请过目。我以为一个文学流派的建立是很不简单,极不容易的。评论者也决不可人云亦云。

匆匆。期待着拜读你更多的诗论大文。

祝健康长寿!

多多保重!

瑞蕻

1997年6月3日

因忘记你住处门牌居室号码,这封信只好寄你系转交了。问候系中熟人老友。谢谢。又及。

读完这封信,有的朋友可能就明白我如此长时间不知道如何下笔的缘由了。赵瑞蕻先生在给我父亲吴奔星的信中断言当时一段时间以来一个炙手可热的诗歌流派"根本不存在,不成立",这是要得罪多少研究新诗流派的论者,砸掉多少人的饭碗啊!这么一封信的介绍文章,的的确确是下笔维艰啊!

不过,历史就是历史,是不能"人为臆造的",而真理确乎可能掌握在少数人的手里。赵瑞蕻先生身为20世纪40年代中国现代新诗的耕耘者,作为诗人穆旦西南联大的同学,对当时的新诗格局及流派,是有很大的发言权的。

赵瑞蕻的信中，提及他发表在《钟山》杂志上的回忆穆旦的散文。《钟山》杂志的文章我手头一时无法找到，只是在赵先生的《离乱弦歌忆旧游》[1]一书中看到写穆旦的文章《南岳山中，蒙自湖畔——怀念穆旦》，从写作时间看，应该是同一篇文字，其中表示：

> 穆旦的思想是高超的，艺术是富于独创性的。他的现代主义是和爱国主义结合着的。穆旦就是穆旦，他不属于任何流派，我一直认为，把穆旦归入一个本来不存在而勉强凑合的所谓"九叶诗派"，或称他为"九叶诗人"是极不合适的。甚至是很可笑的。关于这点希望有机会另文论述。（第132—152页）

很遗憾，我至今没有找到赵瑞蕻先生论述穆旦不属于"勉强凑合的所谓'九叶诗派'"的"另文论述"，或许是因为他心脏病突发去世，而没有机会完成这个心愿吧！

吴奔星：20世纪40年代出现"九叶诗派"实为误传

至于信中提及我父亲吴奔星对"'九叶诗派'老早已有意见，也是很不以为然的"这一说法，应该就是先父在其主编的《中

---

[1] 湖北人民出版社，2008。

金陵饭店
JINLING HOTEL

奔星兄:

前天在南师大北边墙外街上（我不知叶仍的捆了）
邂逅,见你边走边那么沉思,很寂又在机训上邮你不作,你努力
还是那么旺盛,甚为高兴！最近读了好几篇关于苏青诗歌歌文集的
文章,很有同感,给您的报报,谢谢收到了。

批作掀梯王品对友来势劲了,作去香好。其中美于所谓
（见《钟山》"九叶诗派"一点,笔者另有独会到起一些争议。像一直坚持把"九
今年第3期叶",而见这个"诗派"是人为暗造的,早来走根本不同在地上,
前170顶布名的）。
不成立的。我这个们的对此"派"走车马东西之见,岂是视不
尽的真相。我那有幸同您见贸了,很高兴。不久前,我在
上海《文汇读书周报》(1997年1月4日版)上读到
《综评华园成19录》(外子象国,也许而里面颇大同东,
也不尔以《》一之,其中诸如:

"什年代静以的诗坛上诗人群之成所会争,
并不代表相同的诗派,其中也不喜词一谢似的,而且
客现上对于在诗中诗坛未产生什么影响。连台的诗人
是互对王古苏生活状况基本等是相反相成的,那种
气势文和的十年代人也提不同了。

这里所请多的"九叶诗派"。不过我再接表明这是了。或也捐
贫他的观点。所论基足。不知你意你有同感,特许来一见
便诸江回。我的另一方文笔这样的更复很不高,相论是品。评论文也
欠。想时信付深你又东我的评论大大。——见何人王辉）

祝健康长春！

寄念保东！

瑞蕴
1997年6月3日

国家犯伯你仍门豫店看召的,
连他信名作李校这。问件奉中处久父友,婚。

地址: 中国南京区中路2号 电报: 8855 电传: 34110 JLHNJ CN 电话: 41121 44141
ADDRESS: NO.2 HAN ZHONG ROAD NANJING CHINA CABLE: 8855 TELEX: 34110 JLHNJ CN TEL: 41121 44141

1997年6月3日赵瑞蕻致吴奔星信函

国新诗鉴赏大辞典》[1]序言《中国新诗的流派与流向》中的一段话:

> 四十年代初期的新诗,在桂林、重庆有引人瞩目的"七月"诗派。他们是一群坚持现实主义并适当融合现代派诗风的爱国反帝诗人。到四十年代后期,在上海又出现了一些博采现实主义与现代主义之长,糅合象征诗派的手法的诗人,既关心祖国的苦难,也表现自我的情怀。他们于1947年7月由曹辛之臧克家等集资创办了《诗创造》杂志,其中有曹辛之、王辛笛等九位诗人,到了1981年,编辑一本《九叶集》出版,但他们的风格各不相同,只是以感情相结合的诗人群体,不算新诗流派。今天有些论者以为四十年代就出现过"九叶"诗派,实为误传。

先父的这段文字,早于赵先生的写信时间九年,因此赵先生的"老早"之说应该成立。2003年,叶德浴先生在《黄河文学》第1期发表论文《"九叶"私观》,开头就引用了先父上述文字[2],然后表示:

> 这是敢冒天下之大不韪石破天惊的一笔。

---

[1] 江苏文艺出版社,1988。

[2] 叶按:此处叙述有误。出现在《诗创造》中的仅有杭约赫(即曹辛之)、王辛笛、陈敬容、唐祈、唐湜五位诗人。另四位穆旦、郑敏、杜运燮、袁可嘉,是直到1948年6月才在曹辛之主编的《中国新诗》发表诗作的。

自从1981年由曹辛之等人编辑并由袁可嘉写了序言的《九叶集》出版之后,一些新潮文评家就欣然承认了"九叶"诗派的存在,高等院校的现代文学史教材,也郑重其事地把它作为中国现代诗歌流派之一加以介绍。现在,居然有人提出不同意见,值得研究。

如果我们认真翻读"九叶"当时的诗篇,就不得不承认,吴奔星并非感情用事,他是有相当根据的。

叶先生认为,文学史上任何一个可以被称为流派的创作群体,他们的创作至少必须具有这样两个方面的内部同一性:一个是思想倾向的同一性,一个是艺术倾向的同一性。经过他的一番举例分析,被称为"九叶"的创作群体,并没有这两个方面的同一性,因此,他的结论是:所谓20世纪40年代后期,国统区的诗坛上曾经出现过一个"九叶"诗派,只是一场历史误会。叶先生的文章比较长,例证不少,不能一一引用,对此有兴趣的朋友,不妨自行查阅。

赵先生信中还有"我以为一个文学流派的建立是很不简单,极不容易的。评论者也决不可人云亦云"这么一句话,并非无的放矢,而是意味深长的。因为先父是大陆最早研究现代文学流派的学者,早在1980年4月就在《文学评论》上发表了1949年后大陆第一篇研究现代诗歌流派的文章《试论新月诗派》[1],并在《社

---

1 初稿完成于20世纪50年代中期,本应发表于1957年《文学评论》的前身《文学研究》,因反右运动爆发而临时撤稿。——作者注

会科学战线》1983年第3期发表过重要论文《关于识别文学流派的几个关系问题》，从八个方面阐述了文学流派形成的要素。赵、吴二人相识、相交于50年代的南京，又在80年代先后担任江苏省鲁迅研究学会的会长，赵先生对于先父的识别文学流派的见解不可能不知，上述的那句话，不但是对"人云亦云"评论者的鄙夷，也是对有"共同的见解"的老朋友的理论建树的声援和支持！

"九叶诗派"命名的随意性

关于"九叶诗派"命名的随意性，新诗研究论者霍俊明的一本专著中透露了颇有意思的细节：

> 唐湜讲到当年在编选《九叶集》时，主要是在北京的几位西南联大诗人在70年代末期就开始发起的，并且在唐湜知道此事之前已经选出了初稿。在那个初稿中，一些后来被称为九叶诗人的几位如唐湜、郑敏和曹辛之等根本就没有被考虑进入这个初稿，是他和另外一些诗人坚持的情况下才后来加进去的。确实，"九叶诗派"这个以人数命名的略显"狭隘化"的新诗史概念容易导致诸多误解，它在一定程度上排斥了这九人之外而又有着密切联系且风格相近的诗人。那么，既然"九叶"不是指9个人而是远远超过这个数字的更为庞大的集体，那么用"九叶"来命名显然就有不合理性。[1]

---

[1] 《变动、修辞与想像：中国当代新诗史写作问题研究》，台湾新锐文创，2013，第109—110页。

关于这种随意性,中国新诗史家陆耀东为罗振亚《朦胧诗后先锋诗歌研究》一书作序时曾明确指出:

> 如所谓"九叶派"是20世纪80年代一些学者图简便随意取的,但毛病百出。在1981年以前,任何人的文字中无"九叶派"字样。在《中国新诗》上发表论著的35人,有两代人,冯至、卞之琳等是师辈;以诗风分,未收入《九叶集》的诗人诗作,如方敬、李瑛、马逢华、杨禾、方宇晨、羊翚、鲁岗、孙落、南缨的诗,与《九叶集》都有相似之处,唐湜先生说:"他们都应该与我们九人一样的成员,其中有几位,如方宇晨,诗的现代风格浓郁得接近于穆旦。"我以为用"九叶派"来指称《中国新诗》作者群或20世纪40年代现代派,不妥。[1]

邓招华2009年曾在《现代中国文化与文学》第6辑发表论文《"九叶诗派"质疑》,通过对《诗创造》和《中国新诗》两个刊物的作者和作品的分析,得出如下结论:

> 《诗创造》是一个作者群体庞大的刊物,通常人们所说的"九叶诗人"的创作份额只占很小比例,而穆旦、郑敏、

---

1 转引自陆耀东著《八十初度》,文化艺术出版社,2009,第89页。

杜运燮、袁可嘉等没有在其中发表诗作,可见,《诗创造》不但不是一个现代主义的诗歌刊物,而且也不是"九叶诗人"集中发表其作品的刊物,更不是一个新流派得以诞生的刊物。

……

《中国新诗》的作者面较《诗创造》狭小,提高了选诗标准,质量也较《诗创造》高,但仅存在5个月的《中国新诗》也难以承担起一个所谓新的现代主义流派得以诞生、成长的重任。并且,穆旦等成熟的诗人,其诗歌现代主义品格的形成与《中国新诗》没有任何关联。当人们以《中国新诗》等为起点来追溯"九叶诗派"的起源之时,显然是极大地简化了历史,将《中国新诗》这个昙花一现的刊物的意义进行了不适当的放大与扩张。……《诗创造》《中国新诗》等并不是一个流派刊物,也无力支撑一个现代主义诗歌流派的形成,更不是"九叶诗派"诞生的渊源。

文中提及穆旦的一段文字,和赵瑞蕻先生对穆旦的评论不谋而合。我不知道邓写此文前,是否看过赵先生的回忆文章而得到启发。当然,也有论者指出,邓招华的辨析虽然号称"力图从最基本的史料和历史文本入手",却暴露了不少遗漏错讹,质疑也就大打折扣了。他认为,邓的问题主要有如下四点:

其一，不知江天漠、胡双城、林棘丝[1]、杭约赫均为曹辛之笔名，只计算了杭约赫而遗漏了前者；其二，未将"外几首"之"外"统计在内，造成数字失实；其三，唐湜的《华盖·古砚教授》为两首诗，被算作一首；其四，忽略诗论、诗评、译文，其实这些与流派的关系和创作一样重要，即使要力证其"无"，也不该有意无视这些史料。[2]

邓文中的这些问题确实存在，但这几个数字问题占比不高，不足以推翻其《"九叶诗派"质疑》一文得出的最终结论。

其实，名列"九叶诗人"之一的郑敏，2004年在和李润霞的一次访谈中也否认"九叶诗派"的存在。她说：

> 没有什么"九叶派"。就是因为出了一本《九叶集》，就叫我们"九叶派"了。当时我们互相几乎都不认识。我们都不同系，不同年级。当时有的倒通过信，但是没有见过面。[3]

走笔至此，突然想到，如果读了此文中赵瑞蕻先生对"九叶

---

[1] 胡双城、林棘丝均为集体笔名，方平（陆吉平）和曹辛之合用。见《中国作家笔名探源（一）》（时代文艺出版社，2010，第52页）、《中华陆氏通鉴2·陆氏人物志》（中国国际文艺出版社，2009，第131页）。

[2] 张岩泉：《20世纪40年代中国现代主义诗歌研究——九叶诗派综论》，华中师范大学出版社，2012，第4页。

[3] 郑敏、李润霞：《诗与哲学的起点——郑敏访谈》，《新诗评论》2005年第1辑。

诗派"的质疑，有兴趣多了解一些情况的读者，不妨去看看辛笛的《试谈四十年代上海新诗风貌》，这是诗人1981年12月随中国作家代表团赴港参加香港中文大学举行的"中国现代文学研讨会"[1]上的发言，发表于《诗探索》1982年第3期。辛笛先生的发言写于1981年11月，时间在《九叶集》出版（1981年7月）之后、"九叶诗派"的概念提出之前，这个时间节点诗人的说法相对客观。

耐人寻味的是，尽管辛笛此文的开篇即指出"回顾我国五四以来的新诗运动中各种主要的流派，可以说都是在上海发生的"，文章中也对星群出版社及《诗创造》《中国新诗》花了相当的篇幅进行描述[2]，但其最后得出的三点结论，不过是：

> 其一：这一时期上海诗歌的主题和思想内容必然是以现实主义道路为依归，而绝不能是其它。
> 其二：在上海诗歌作品中，所有民歌风格，五四以来新诗传统以及外来各种流派影响（从十九世纪西方浪漫主义到象征派诗歌，从惠特曼到马雅可夫斯基等）都各自有所呈

---

[1] 丁景唐《犹恋风流纸墨香：六十年文集》（上海文艺出版社，2004，第34页）一书称为"中国四十年代文学研讨会"。

[2] 辛笛说，"从一九四七年七月到一九四八年十月被查禁封闭为止，短短的一年半期间，面对着国统区政治经济的双重压迫，星群出版社在地下党的支持和影响下以其微弱的力量出版了两个诗刊和大量诗歌作品，应该说是对当年诗坛起了不小的作用。这主要是由于以曹辛之为首的诸人的辛勤努力，和冯雪峰、臧克家、戴望舒、蒋天佐、劳辛等的支持，才能获得这样的成就"，应该是客观的。

现。在体裁上有政治讽刺诗、叙事诗、抒情小诗等,也是丰富多彩,纷然并陈。从艺术手法上来说,显然要比三十年代成熟得多。

其三:抗战胜利后。在维护民主进步的旗帜下,国统区不少诗歌工作者已形成广泛的团结。仅以《诗创造》和《中国新诗》两个诗刊来看,在这一方面尽了力量。《诗创造》每辑发表属于"初来的"作品约占三分之一以至二分之一。这对于鼓励青年作者,扩大队伍,起了一定作用。今天不少知名诗人都是在当时才开始写诗的呢。所有这些努力,即使在今天看来,仍然是经得起时间的考验而应予以肯定的。

对于20世纪40年代上海诗坛的流派或者流派的雏形,没有只言片语,更不用说专门提及"九叶诗派"了。此外,辛笛文中还提到了为《诗创造》《中国新诗》撰稿的名单:

撰稿者除解放区(如艾青、李季、贺敬之、严辰、田间等)和香港(如邹荻帆等)一时无法联系外,遍及大江南北的知名诗人和大量青年作者,有冯雪峰、王统照、戴望舒、冯至、卞之琳、劳辛、蒋天佐、徐迟、刘西渭(李健吾)、周煦良、冯沅君、戈宝权、孙用、高寒(楚图南)、于赓虞、袁水拍、李嘉、任钧、金克木、臧云远、李瑛、袁鹰、黎先耀、苏金伞、青勃、穆旦、杜运燮、袁可嘉、郑敏、黄永玉、罗大冈、屠岸、张君川、邵燕祥、沙鸥、吴越、陈洛、沙金、刘岚山、丁力、晏明、圣野、莫洛、廖晓帆、陈侣白、陈雨门、柯原、劳荣、方宇晨、杜秉正、孔柔、庄稼、李搏程、穆木天、彭慧、郝天航（鲁风）[1]穆歌、吴视、李白凤等。

从这个名单来看，"九叶诗人"以《诗创造》《中国新诗》为阵地，形成"九叶诗派"的可能性有多大，应该不言自明了吧。不过，那些鼓吹"九叶诗派"最力的学者，似乎对位居"九叶诗人"龙头老大地位的辛笛的此文，多半采取视而不见的态度，引用此文者更是寥寥。个中奥秘，颇可玩味。

2017年7月20日—8月15日于南京

后记：

最近读到赵瑞蕻先生《离乱弦歌忆旧游》新版[2]，有赵先生1997年7月25日致学者谢泳的一封信，其中也提及"九叶诗人"的问题，并涉及我父亲吴奔星写给赵先生的一封信里的内容。赵先生在信中指出：

> 在这里顺便提一下。你在论汪、穆两人的一文中，关

---

[1] 此处原文没有标点符号。
[2] 生活·读书·新知三联书店，2021。

于穆旦一再谈到所谓"九叶派""九叶诗人",正如十多年来不少诗论者,不少文章一再谈到"九叶诗派",也有人直接称穆旦为"九叶诗人"的。你看到我那篇《烽火弦歌忆旧游》后,你就知道我的看法了吧。我一直认为这个派是不存在的,完全是人为杜撰的,也是有些人自己标榜出来的。一些评论者人云亦云,不加深入分析研究。我在拙作中公开提出,也许是第一次指明,发出异议的声音。其实以前早已有不少人不赞成或者反对这个所谓"九叶诗派"了。在这里,我想引一下不久前吴奔星同志(南师大中文系教授,老学者诗人)在一封信里所说几句话就可以了。

关于"九叶"不成派,是一个历史事实,一九四〇年代的上海就未曾有这么一派。臧克家亲历,他就不承认这个派。一九八〇年代初期丁芒(指当时江苏人民出版[1]文学组主任)给他们出了一本书《九叶集》,从而有些人便以此派自居,其实连他们内部也不认为是一派,例如他们后来在香港《诗》双月刊上称《八叶集》。已故曹辛之说,他们九人诗风不同,不成派。平常聊聊无所谓,写入诗史便须郑重考虑了。历史不能伪造。

我非常赞同吴先生的观点。为了进一步证明这问题,附上上海《文汇读书周报》不久前发表的鲲西先生(他也是西南联大校友,我不认识,好像是理科的?)关于清华园旧事

---

1 "出版"后疑似遗漏"社"字。

一文（复印）请过目。该文虽未点明这个派，但也已说得很清楚了。所以，你是否可以重新考虑一下这个问题。我是极不同意把穆旦拉入所谓"九叶诗派"中的，正如拙作所表明的——"穆旦就是穆旦，他不属于任何派。"其余的你关于穆旦的论述都很好，深刻妥切，有创见。（见《离乱弦歌忆旧游》，第248—249页）

我所节录的赵先生信函的第二段，书中没有特别注明，也没有改变字体，但从上下文看，大概率就是先父致赵先生信函的内容。时间和上述赵先生写给我父亲的信在一个时期。

2024年2月20日

吴翰云：《小朋友》"最忠实的保姆"

《羊城晚报》2014年8月11日刊登刘一鸣的文章《最老的期刊〈小朋友〉》，其中叙述说：

> 作为《小朋友》第一任主编，黎锦晖在我国儿童文学和幼儿杂志编辑史上留下了不可磨灭的贡献……《小朋友》还培育了自己的新主编。当时还是小学教师的吕伯攸先生，看到《小朋友》第一册出版，就买了一本，作为教材，讲给小朋友听。之后，他开始习作，写了几首儿童诗，寄给《小朋友》。没想到时任主编的黎锦晖，立刻写了一封长达八页信纸的回信，信中不但夸奖诗写得好，还约稿四本，作为出版"儿童文学丛书"之需。过了一年，黎锦晖又写信给吕伯攸，说已经向书局推荐了他，聘请来上海担任《小朋友》专职作者。再过了一年多，黎锦晖因主编《小朋友》外，还主编着许多国音、国语书籍以及《国语月刊》，而且在局外还担任"国语专修学校"校长，实在忙不过来，于是又把《小朋友》完全交给了吕伯攸先生。

从上文看，吕伯攸应该是《小朋友》的第二任主编了。不过,这一说法似和我见过的相关书籍的记载不符。

《中华书局大事纪要私营时期1912—1954》[1],在"1922年"部分记载:

> 黎明、王人路、吴翰云,分别于二、三、四月进编辑所。
>
> ……
>
> 4月6日《小朋友》周刊创刊。以陶冶儿童性情,增进儿童智慧为宗旨……出版后风行全国。主编者先为黎锦晖,后为吴翰云。经常撰稿者有王人路、黎明、陈醉云、吕伯攸等儿童文学家。

《小朋友》编辑部编的纪念文集《长长的列车——〈小朋友〉七十年(1922—1992)》[2](下称《长长的列车》),插页最后一面载有《小朋友》最初三位主编的肖像,明确注明黎锦晖为第一任、吴翰云为第二任、陈伯吹为第三任。当然,该书也收录有吕伯攸发表于1950年《小朋友》第1000期上的文章《一千期来》,其中确有"这是我主编《小朋友》的时期"字样,上述刘一鸣文章谈及吕的部分应以此文为依据。

吕伯攸编辑过《小朋友》当无疑问,但他自称当过主编,似

---

1 钱炳寰编,中华书局,2002,第59页。
2 少年儿童出版社,1992。

未被公认,原因究竟如何,确有探究必要,有心人不妨去查证。不过,本文要介绍的是吴翰云先生,他担任《小朋友》主编长达十二个年头,编著过大量儿童文学作品,为中国现代儿童事业做过巨大贡献,但因抗战后返乡,从此疏离文坛,生平鲜为人知,成为被现代文学史及其研究者遗忘的"角落",没有得到恰如其分的评价。

1983年,盛巽昌在《儿童图书馆》第2—3期发表《我国部分作家的第一部儿童文学作品(上)》一文,称"吴翰云(生卒年不详)系上海《小朋友》编辑,1922年参加工作,他的第一篇作品,系由西方童话改写的《该死的狼》。在早期十几年的《小朋友》杂志里,每期几乎都有他的童话作品。"

简平所著《上海少年儿童报刊简史》[1]在介绍《小朋友》时指出:

> 《小朋友》系周刊,……以年龄在十岁左右的小学中高年级学生为读者对象。首任主编黎锦晖。1926年5月吴翰云出任主编。

不过,该书刊登的"吴翰云"头像下的介绍仍然是"生卒年不详"五个字。

---

[1] 少年儿童出版社,2010,第33—34页。

中国现代儿童文学的前驱者

对于吴翰云的生平介绍,应以1986年吴奔星应儿童文学专家圣野及蒋风之约所写《现代儿童文学的先驱及其末路——前〈小朋友〉主编吴翰云先生的后半生》[1]一文较为详尽。且将文中对吴翰云的生平介绍部分浓缩如下:

> 吴翰云原名吴子厚,湖南安化县东坪镇吴家湾人。1895年8月出生于破落地主家庭。在长沙读书。"五四运动"前后闯荡上海,因偶然的机会认识了湖南同乡舒新城,被介绍到中华书局工作,后来担任《小朋友》的主编。1937年10月《小朋友》因抗战全面爆发在出版了777、778合刊后休刊。吴翰云就和太太回到老家,靠着在上海工作10多年积蓄在乡下置买土地,放债生息。因妻子眼疾失明,又纳一妾,共生育三子五女。1949年后,虽经历土改被划为地主,毕竟是知识分子、开明绅士,没有苦主上门,还能凑合过活。但"文革"爆发之后,六亲不认,妻儿反目,更逃不脱被揪斗的命运,甚至衣食不济,最终于1973年去世。

文章中也透露了吴奔星和吴翰云的渊源。原来,吴奔星的"少儿时代,曾受过《小朋友》杂志的哺育,还享受过先读为快的乐趣,都是由于堂叔吴翰云先生的关系",受过《小朋友》哺

---

[1] 《待漏轩文存》,上海辞书出版社,2014。

《小朋友》主编吴翰云肖像

吴翰云主编《小朋友》封面

吴翰云作品《该死的狼》书影

育的吴奔星,后来也成为众多《小朋友》的作者之一,发表过诗歌《美妙的夜》(522期)。

对于这位堂叔的成就,吴奔星的评价是:

> 吴翰云离湘来沪,只在中华书局工作过,而且只在《小朋友》的编辑室里活动,别无其它经历。……他虽缺少创业雄心,可客观上却为《小朋友》献出了青春,直到中年才离它而去。他也写了不少儿童诗歌与故事,如果挑选一下,沙里是可以淘洗出点金子来的。《小朋友》在当时能产生广泛的影响,他是付出了心血,也有一番劳绩的。说他是中国现代儿童文学的前驱者之一,大概不算过分吧。

这一评价写于二十九年前的1986年,因囿于时代及所见,对吴翰云的成就有所低估。就我所见,对吴翰云儿童文学编辑生涯或儿童文学创作专门探索及研究尚属空白,其在中国现代儿童文学发展史上的地位和作用,均未得到符合历史实际的评价。令人欣慰的是,俞晓群社长主持的海豚出版社慧眼识珠,从2012年至今先后整理出版了一批优秀的民国童书,其中包括吴翰云编著的系列童书,如《吴翰云故事画》《两个饼》《我的书》(《聪明的农夫》《仙苹果》等套装六本),让湮没了大半个世纪、文学史上失踪的吴翰云及其著作,1949年后第一次重新展现在读者面前,既是读者之幸,也是研究者的福音。当然,若吴奔星在天之灵有知,他所期待的"沙里是可以淘洗出点金子来"已经成为事实,应该十分欣慰吧。

《小朋友》杂志的最忠实保姆

"我不是《小朋友》的创办人,可是我是《小朋友》一个最忠实的保姆。"这是吴翰云在1931年10月20日《小朋友》第482期纪念创刊十周年的文章《我和〈小朋友〉》开头的一句话。

到了1936年3月26日,吴翰云在《小朋友》"七百周的感想"中又表示:

> 《小朋友》出版到现在,已有七百期了。这在做《小朋友》忠实保姆的我,当然是很觉欢喜的事。……有许多人常爱把一本杂志,譬喻做一个孩子;这样一比,那么,《小朋友》到现在已是一个十四岁的少年了。我在这里,眼看他一年年的长大,并且越来越健全,心头自然很高兴。

《小朋友》"最忠实的保姆",是吴翰云的自况,也符合历史事实。

曾参与过筹办《小朋友》杂志的陈载耘在1936年所写的《第一期的回忆》[1]中指出:

> 这十四年多来,吴翰云先生算是它的唯一的保姆,始

1　载《小朋友》1936年3月26日第700期。

> **我和小朋友**
>
> 吴翰云
>
> 我不是<u>小朋友</u>的創辦人,可是我是<u>小朋友</u>一個最忠實的保姆。
>
> 我還記得我到<u>中華書局</u>來的時候,是民國十一年四月底,那時<u>小朋友</u>剛剛出版三期,同事的大約有七、八个,我略懂得一點德文,所以我的工作,就是翻譯<u>德國</u>的兒童書籍,不過我的譯法,和別人不同,人家是"直譯,"我是"意譯,"因為意譯時,可以將不合我國兒童口味的意思删去,長的故事可以將牠縮短,短的可以將牠拉長,但决不願意將原有的精華失去,譬如第十六期登的<u>毓死的狼</u>,第二十六期登的<u>狼和白鵝</u>,都經過了一番改造的手續,才能成功的。

吴翰云在《小朋友》第482期发文《我和〈小朋友〉》,称自己"是《小朋友》一个最忠实的保姆"

终提抱着它,养育着它,没有离开它的身边过。至于别的相帮照顾它的人呢,可很有些变迁了。原来在民国十六年的当儿,中华书局的国语文学部取消了,工作人员也都星散,只留着吴翰云先生和绰号裁缝司务的赵蓝天画家等几位,在专门保育这位"兰馨儿"。

"最忠实的保姆"之称谓,许达年于1932年《小朋友》第498期发表的《编辑室谈话:吴翰云先生病了》一文,可谓最好的诠释:

> 吴翰云先生病了。他自从民国十一年起,为《小朋友》服务,恰恰已有十年。在这十年中,除去因为父丧告假,回到他的故乡湖南安化去以外,从来没有和诸位离开过,这次,却因害了病,不得不告假数星期,在家调养,所以这里只好暂且由我来说几句话,但我希望他的病,即日痊愈,恢复原状,仍照常和诸君亲爱地谈话。(可是等到本期出版时,他大概已经恢复健康,笑嘻嘻地坐在我的对面,俯着头工作了吧。)

据不完全统计,从1926年到1937年之间,吴翰云在《小朋友》上所写的"编辑室谈话"就有三百一十期之多(包括用本名"子厚"所写的四期)!"最忠实的保姆",的确实至名归!

绰号"该死的狼"的来历

《小朋友》的第三任主编陈伯吹在《〈小朋友〉六十大庆》一文中说:

> 它的第二任主编是吴翰云先生,十多年里这个周刊的质量一直保持在水平线之上,……它也有它自己的优点,就是刊载民间故事较多,因而比较的民族化、大众化,这是重要

的。[1]

当然,"民族化、大众化"是陈伯吹多年后的总结,吴翰云本人的实践则是要"适合我国儿童的口味",这一点在《我和〈小朋友〉》一文里有明确表达:

> 我还记得我到中华书局来的时候,是民国十一年四月底,那时《小朋友》刚刚出版三期,同事大约有七、八个,我略懂得一点德文,所以我的工作,就是翻译德国的儿童书籍。不过我的译法,和别人不同,人家是"直译",我是"意译",因为意译时,可以将不合我国儿童口味的意思删除去,长的故事可以将它缩短,短的故事可以将它拉长,但决不愿意将原有的精华失去。譬如第十六期登的《该死的狼》,第二十六期登的《狼和白鹤》,都经过了一番改造的手续,才能成功的。

《该死的狼》是吴翰云的成名作,而且成为他圈内的绰号。陈载耘在《第一期的回忆》中有翔实的回忆:

> 最初担任主编的是黎明和吴翰云两位,后来黎明到德国去了,便由我们这位"该死的狼"吴翰云做了保姆。原来我

---

1 《儿童文学研究》编辑部编辑《儿童文学研究》(第十一辑),少年儿童出版社,1982,第71页。

们国语文学部里的人,都是有绰号的:黎锦晖叫牛大少爷,吴翰云叫该死的狼,吕伯攸叫红围巾,吴启瑞女士叫天津萝卜,其余不一而足。就是在下区区,也有一个绰号,叫做猴子。

《小朋友》拥有这么多有着可爱绰号和童心的编辑,难怪能够风靡全国(除了先父吴奔星外,知名作家齐邦媛、吴小如,都曾是吴翰云先生主编的《小朋友》时期的读者,并给《小朋友》写过稿件)。在如此基础之上,它成为中国迄今为止最长寿的期刊,也就丝毫不奇怪了。

2015年1月于南京

三　诗情与诗魂

冰心:名副其实"海的女儿"

冰心佚诗《海的女神》

年轻的时候,读过冰心老人的一些新诗,印象已经有点模糊。前两天,我在翻阅20世纪30年代的上海《晨报》时,看到署名"冰心女士"的新诗《海的女神》,刹那间还以为是少年时代所读的《诗的女神》。当然,这个印象很快就被《海的女神》所包含的特有的忧郁、惆怅和未知打破了,认定这是一首我从来没有寓目过的诗作。于是,我连忙查阅2007年出版的《冰心文选——佚文卷》[1]和最新版本的《冰心全集》(第3版)[2],均未发现这首诗作,且迄今为止也无论者发现或谈及,如果能够证实确为冰心所作,则是一首不折不扣的佚诗!

刊载在1934年11月15日上海《晨报》副刊"晨曦"上的《海的女神》,没有标明写作时间,只有一篇提供者钟辛茹所写的导语《冰心的旧作》:

> 1927的冬天,我和冰心的弟弟冰季都是在燕大读书,而

---

[1] 王炳根编,福建教育出版社,2007。
[2] 卓如编,海峡文艺出版社,2012。

且同时都在Sage Hall听冰心的讲课;那时我们的文艺兴趣特别浓厚,我们便由冰心指导,组织了一个"海邻社",专门研究文艺创作和译述;"海邻"两字的来源,是因燕大在平西海甸的原故。冰心先生特为它写了一首《海的女神》给我们。直到昨天才由我的日记中发现出来。

这里,有几个关键词:1927年,冰心、冰季,燕大,Sage Hall,海邻社,《海的女神》。表明1927年冬,冰心在燕大授课时,为弟弟和友人组织的文艺社团"海邻社"当指导,并专门为他们写了一首诗作《海的女神》。查新版《冰心全集》,1926年到1928年,收录的冰心作品仅四篇,其中论文和演说各一篇,散文一篇,诗作一首(1928年的《我爱,归来吧,我爱!》),可能和当时冰心担任教师,专注备课和研究,创作不多有关。如果《海的女神》确实是冰心所作,自当填补这一时期的空白。

钟辛茹这个名字,无论是专家学者还是一般人,估计都十分陌生。我在钩沉《小雅》诗人、先伯父吴仕醒史料时,曾发现他写有悼念诗人徐志摩的诗作《诗人,今朝来哭你!》,刊于《北晨学园哀悼志摩专号》,写成《英语教学专家吴仕醒的早期新诗》[1]一文,其中提及同在《北晨学园哀悼志摩专号》写有诗作的钟辛茹:

> 《北晨学园哀悼志摩专号》发表的新诗作品仅8首,按

---

[1] 载《小雅:从烂缦胡同走出来的〈小雅〉诗刊及诗人》,台湾远景出版社,2017。

先后顺序为《招魂》（孙大雨，p25）、《吊志摩》（陈梦家，p62）、《哀志摩》（方玮德，p70）、《我哭志摩》（盛成，p70）、《诗人，今朝来哭你》（吴士星，p71）、《诗的毁灭——悼徐志摩先生》（陈豫源，p71）、《哀思》（谢飞，p72）及《献给我们已死底诗圣》（钟辛茹，p73）。孙大雨、陈梦家、方玮德、盛成，是知名的诗人和作家，不必多说。余下的陈豫源是话剧工作者、钟辛茹是摄影师兼画家，和情况不明的谢飞一样，均下落不明，而吴士星当时专攻戏剧，后来转学到北京大学学习英文，1949年后长期在高等学校从事英语教学工作。

《北晨学园哀悼志摩专号》出版80多年，一直没有影印或排印再版，而吴士星、陈豫源、钟辛茹等人因为名声不彰，诗作也没有被选入一些纪念徐志摩的文集，湮没至今，是十分遗憾的事情。

这次又看到钟辛茹的名字后，加上《冰心的旧作》中有冰心、冰季姐弟以及海邻社等相关线索，我以为按图索骥，弄清楚"海邻社"、钟辛茹的相关情况，是唾手可得的事。我尝试去查找冰心笔下是否有涉及"海邻社"和钟辛茹的内容，毕竟是弟弟和友人组织的文学社团，而且担任过指导，多多少少应该留下只言片字吧？结果，在冰心《我的三个弟弟》里，只找到如下描述：

> 我的三弟谢为楫的一切，我在《关于女人》写我的三弟

妇那一段已经把他描写过了：

> ……他是我们弟兄中最神经质的一个，善怀，多感，急躁，好动，因为他最小，便养得很任性，很娇惯。虽然如此，他对于父母和兄姐的话总是听从的，对我更是无话不说……
>
> 他很爱好文艺，也爱交些文艺界的年轻朋友。丁玲、胡也频、沈从文等，都是他介绍给我的，我记得那是一九二七年我的父亲在上海工作的时候。他还出过一本短篇小说集，名字我忘了，那时他也不过十七八岁。[1]

文章提到了爱好文艺，爱交文艺界的年轻朋友，也提到了丁玲等几个名字，却只字不见"海邻社"和钟辛茹，一时曾让我恍惚中怀疑起"海邻社"是否真实存在了。不过，确实是过去的时间太长，冰心不是连自己弟弟小说集的名字都忘记了吗？

《冰心全集》和《冰季小说选》的编者卓如，曾写有《一川烟雨任平生——纪念冰季逝世15周年》[2]一文，是能够找到的屈指可数的涉及冰季生平和创作历史的文章。关于冰季（本名谢为楫）的文学创作活动，该文说：

> 谢为楫的姐姐冰心，已从美国留学回来，在燕京大学任

---

[1] 冰心：《关于男人》，载卓如编《冰心全集》（第六册），海峡文艺出版社，2012，第325—326页。

[2] 《新文学史料》2000年第1期。

教。经过反复考虑,决定谢为楫依然留在北京读书。为了便于姐姐照顾,随后他进入燕京大学预科。崇实中学的高班同学李霁野、韦丛芜、方一志等,在他之前已进入燕京大学了。

尽管谢为楫是初进燕大预科的新生,就向燕大校刊投稿。同时还和预科的几个同学集资办了一个刊物,可是只出了一期就停刊了。

虽然只字未提"海邻社"或钟辛茹,但"和预科的几个同学集资办了一个刊物"的描述,在我看来,已经有了鲜明的指向。

海邻社及其刊物《小弟弟》

在1927年11月30日出版的《燕大月刊副镌》第2卷第4期上,有短新闻一则:

> 海邻社出版《小弟弟》 海邻社系1933级同学所组织者。自成立以来,社务进行颇有生气,闻该社不久将有《小弟弟》一种刊物出版去。

即便按照民国时期以毕业年份为级的惯例,比如钱锺书1929年进入清华大学西洋文学系,1933年毕业,习惯的说法钱就是1933级,时为1927年,燕大如何会有1933级的学生在校呢?我猜测,这可能是把上述的"预科"时间放进去计算的缘故。事实上,1928年1月12日出版的《燕大月刊》1卷4期,补白中出现的

《小弟弟快出世》一文就有了明确答案：

> 本校的预科同学们，新近组织了一个研究文艺的海邻社，他们的刊物《小弟弟》快出版了，要《月刊》替它登广告，可是月刊正少地方，就登在这里吧。

海邻社的成员颇有推介天赋，广告工作不仅在校内进行，一个月后的1928年2月11日，应该是《小弟弟》已经正式出版，天津《大公报》也为他们广而告之：

> 介绍海邻文艺社——《小弟弟》出版
> 卖邮票九分　地点在北京
> 昨接北京来信，现在有几位小弟弟组织了一个"海邻文艺社"，这是多么可喜的一个消息，内容等等，请看下面登的公私两个信
> （一）通告
> 亲爱底哥哥，姊姊，弟弟，妹妹们；
> 是——
> 在这等干燥的生活里，去找到一点人生的真义（？），既可自慰！又可慰人！
> 你们对于文艺有兴趣吗？你们肯加入来帮助吗？
> 实在的！因为不会而去练习，因为对于文艺有兴趣而去做去！

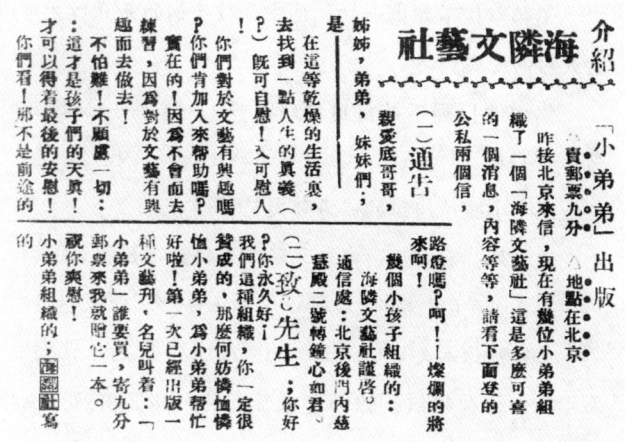

1928年2月11日大公报介绍海邻文艺社及《小弟弟》出版天津《大公报》介绍"海邻社"及其会刊《小弟弟》书影

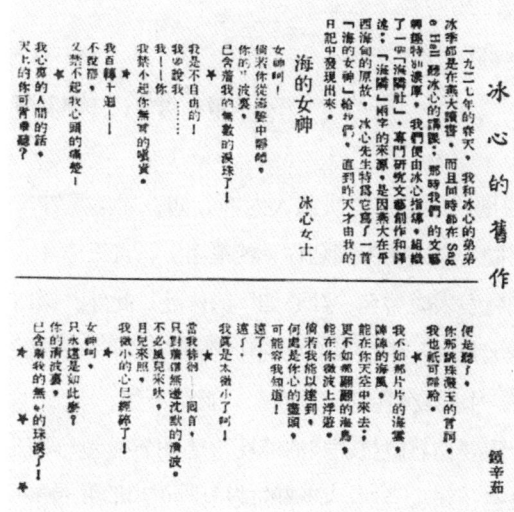

1934年11月15日上海晨报《冰心的旧作》

不怕难！不顾虑一切：这才是孩子们的天真！才可以得着最后的安慰！

你们看！那不是前途的路灯吗？呵！——灿烂的将来呵！

几个小孩子组织的：海邻文艺社谨启。

通信处：北京后门内慈慧殿二号转钟心如君。

（二）致C先生；

你好？你永久好！

我们这种组织，你一定很赞成的，那么何妨怜恤怜恤小弟弟，为小弟弟帮忙好啦！第一次已经出版一种文艺刊，名儿叫着：《小弟弟》，谁要买，寄九分邮票来我就赠它一本。

祝你爽慰！

小弟弟组织的；海邻社写的

值得注意的是，广告中的联系人为钟心如，显然是钟辛茹的谐音，应该是同一个人的不同名称（或笔名），且天津《大公报》同一个时期就发表有署名"钟心如"的作品。此外，谢冰季同一时期在《燕大月刊》中发表的小说《初爱的真——寄给海外哥哥》中，也有一个朋友名字叫"心如"。此处不赘。

此文另一个重要信息就是，"海邻社"是一个燕京大学预科小男生组成的文艺社团（当然，招徕的成员则包括哥哥、姊姊、弟弟、妹妹），那么，刊物的名称《小弟弟》只是与小男生有关这么简单吗?

至于广告分为公私二信,则颇具巧思,前者是公事公办,为海邻文艺社呼吁呐喊,招徕成员;后者是私信一则,C先生当是虚拟,只是为了推介刊物《小弟弟》时有亲切感,无论公私,终极目的当然是相同的。

对于广告的效果,我们眼下肯定是无法得知的。关于海邻社的情况,徐锡龄的著作《学生组织之一个实例研究》[1]里曾有提及,称其规模"15人",全年预算"30"元,会员会费"2元",职员人数"5人",为"文学性质"。因为未见其材料来源和时间,不知其统计的"海邻社"规模是创始期的数字,还是广而告之后的数字。但无论如何,"海邻社"在当时燕京大学的文学社团里,规模、地位和影响,都是"小弟弟",乃不争的事实。

钟辛茹、谢冰季都是"小弟弟"

钟辛茹《冰心的旧作》中有关海邻社及其刊物《小弟弟》大体有了眉目,但他和冰心冰季姐弟的关联,却不见冰心本人的记述和相关论者的提及,好在认真爬梳一下当年的报刊,还是有些蛛丝马迹。比如,1928年《北洋画报》5卷250期曾刊出"文学家谢冰心女士(右)及其弟谢冰季(左)在玉泉山上摄影",署名为"钟辛茹寄"。尽管照片并非身为摄影师钟辛茹所摄,而只是他提供给《北洋画报》刊出,但也颇能说明钟辛茹和冰心姐弟之

---

[1] 李文海主编《民国时期社会调查丛编 一编 文教事业卷》,福建教育出版社,2014。

钟辛茹为谢冰季小说绘制的封面

《国画时报》刊出的钟辛茹肖像及介绍文字

间确有关联，毕竟那个年代摄影是件稀罕事，取得他人的照片，如果不熟悉，殊为不易。此外，1929年10月25日出版的《大亚画报》第188期，刊登有"钟辛茹为冰心女士介弟谢冰季所绘之小说封面"，当然，谢冰季1929年和1930年分别出版的小说集《温柔》《幻醉及其他》，并没有使用这幅钟辛茹绘制的封面，但也足以说明两人关系之紧密了。至于冰季两本小说的封面的设计者是谁，似乎迄今也未见论者说明，有兴趣的朋友，或可挖掘一番。

再看1929年2月20日出版的《国画时报》，刊登有钟辛茹的两幅肖像摄影及本人的肖像，文字说明包含了钟辛茹早期的大量信息：

> 北平近多摄影家，钟辛茹君年方十七，已善摄影绘画著作，其作品已累见平津沪各大报章杂志。君为北平五三漫画会会员、中国新闻社摄影部长，在燕大时曾与谢冰季君组织海邻文艺社，刊印《小弟弟》文艺及《狂澜》《桃汛》等，学友多与之交，呼之为小弟弟。闻君不日将放洋留学，前途未可限量（李蓉江女士赠）。（原文无标点，作者试标如上）

这么看来，钟辛茹年龄比1910年出生的"小弟弟"（冰心如此称呼）谢冰季还要小，是名副其实的小弟弟。如此，他们组织的"海邻社"印行刊物起名《小弟弟》，明显意有所指，甚至语义双关。遗憾的是，出版的刊物迄今已无迹可寻，也未见当事人留下说明文字，"小弟弟"的庐山真面目，当然，更是一桩文坛佳话，难道永无水落石出之日吗？

至于文中的放洋留学之说，也非虚言，后来钟辛茹东渡日本留学，留日期间照旧十分活跃，除了为《北洋画报》《大亚画报》等刊物担任驻地摄影记者，如《北洋画报》1929年8卷354期曾刊出他和围棋神童吴清源及其兄吴浣在日本的合影；还积极参加当地中国留学生的文娱活动，在话剧中男扮女装，雌雄莫辨，上海出版的赵家璧主编的《中国学生》1929年1卷8期在"学校名人院"栏目刊出"钟辛茹先生"肖像，并介绍说：

> 中国留日学生。任中国新闻学会摄影部部长。海邻社出版委员会主席。在前月留日学生会公演之俄剧《黑暗的伙房》中，饰少女翠英一角，迷离扑朔，不知者，几疑其为谁家好女儿也。

同一期《中国学生》上，刊登有钟辛如（与肖像介绍文字"茹"有不同）撰写的《中国学生在日本》，图文并茂，并配有他本人创作的素描，文章在"留日学生之团体"一节里，提到"海邻社"，这是该文艺社团创办人员最详尽的资料：

> 海邻社系燕大学生梁瑛、谢冰季（冰心女士令弟）、钟辛茹创办之文艺团体，并得顾问如吴雷川、谢冰心等之赞助，冰季赴英组织伦敦之社，而辛茹又来日成立东京之社……

文中所提的梁瑛，情况和下落皆不详；至于吴雷川，则是大名鼎鼎的基督教教育家、著述家，并曾担任过燕京大学校长。当然，这段文字，更印证了钟辛茹多年后所说冰心担任海邻社"指导"并非妄言。

钟辛茹在日本所学应该是电影戏剧专业，大约1931年底或1932年初返回中国（其1932年3月6日发表在天津《大公报》上的文章《戏剧素描》末尾有"1931年7月8日初稿于东京日大，电影研究室；1932年2月13日修正于北平平大"字样），曾在上海天一影片公司任职，1935年还在上海创办过"中国电影学会"，后来作品多和电影戏剧有关（影评、剧评等），仍有摄影、素描和漫画作品。抗战爆发前，曾在1936年11月《电影与妇女图文周刊》1卷1期写过涉及国防电影的《漫话》，呼吁"我们的开麦拉应当像枪口一样地对着敌人"。抗战期间，钟辛茹去了大后方，工作应该仍旧和影剧有关。1940年12月14日自贡《新运日报》曾发表他的文章《提供几部可映的片子与自贡大戏院》，目的是提振抗战情绪；1946年，重庆《中央日报》发表多篇他的有关电影方面的短文，如2月17日的《记录影片之我见——为"中制"主播"记录影片研究放映会"而作》、2月24日的《谈"草莽英雄"的演出》、3月31日的《教育影片的取材问题——为重庆市三十五年度师范运动教育周作》、5月14日《艺宫猎胜录》。1947年4月，重庆艺新书社出版长篇小说《梅兰芳被刺记》，署名"钟辛茹"，自序中有曾在日本大学映画科（电影科）读书云云，当是同一个人（梁发森的序言中则说钟辛茹主编过中央日报艺术戏剧电影，有笔名林江等[1]）。此外，1949年9月26日的重庆《大公晚报》在一篇扩大农村电教工作的报道中提及钟辛茹，其时任市教育局电教队队长[2]，此时距离解放军进入重庆市区仅两个月时间。此后，钟辛茹音讯全无，下落不明。

冰心诗作"女神"三部曲

走笔至此，突然想到，本来只是钩沉冰心的一首佚诗，为什么要围绕着"海邻社"的当事人及其刊物，大动一番干戈，是不是有点喧宾夺主，或小题大做呢？事实上，这首冰心诗作由钟辛茹私藏七年之后公布，无论是诗作的提供者，还是作为事件勾连者的"海邻社"，环环相扣，无一不是关键。由于事发至今已过八十余个寒暑，早已时过境迁、物是人非，同时囿于资料有限，不可能由作者冰心本人来证实诗作的真伪，诗作提供者其人其言的可信度就十分关键，起码必须证明他不是一个伪造名人作品的妄人。

当然，刊登《冰心的旧作》的上海《晨报》，也是有点来头

---

[1] 笔者在《中央日报》没有找到有关林江的信息，但是在1936年的《大公报》（上海）副刊"大公俱乐部"中发现以"林江"署名的众多文字，内容多半和影视戏剧有关。

[2] 1946年1月19日，重庆市电化教育巡回工作队正式成立，办公地址设在市立民众馆内，人员编制由国民教师员额内调用有专长的大学以上的电化教育专科毕业的教员组成。32岁的钟辛茹任队长。（见蒋国昌主编、重庆市教育委员会编《重庆教育志》，重庆出版社，2002，第754页）

的，并非喜欢伪造名人轶事和作品的小报。这份《晨报》，1932年4月由著名报人潘公展创办，并任社长。潘名义上还是副刊"晨曦"的主编，并有意将这个副刊打造为"活动的学校，流通的图书馆"。"晨曦"的实际编辑王新命、许性初等，也是知名文人。

当然，最主要的是，当时冰心还活跃于文坛，地位尊崇。当时在上海盛极一时的《晨报》，对待他人提供的名人作品，自有一套审稿（防伪）机制，想必是不敢胡来的。

此时，我们终于可以一睹《海的女神》真面目了——

女神呵！
倘若你从涛声中静听，
你的清波里，
已含着我的无数的泪珠了！

我是不自由的！
我要说我……
我——你
我禁不起你无言的嗔责。

我百转千回——
不说罢，
又禁不起我心头的痛楚！

我心里的人间的话,
天上的你可肯垂听?
便是听了,
你那跳珠溅玉的言词,
我也只可静聆。

我不如那片片的海云,
阵阵的海风,
能在你的天空中来去;
更不如那翩翩的海鸟,
能在你的微波上浮游。
倘若我能以达到,
何处是你心的尽头,
可能容我知道!
远了,
远了,
我真是太微小了呵!

当我徘徊——回首,
只对着这无边沉默的清波,
不必风儿来吹,
月儿来照,
我微小的心已经碎了!

> 女神呵,
> 只永远是如此么?
> 你的清波里,
> 已含着我的无数的珠泪了!

新诗《海的女神》的发现和证实,冰心新诗涉及女神主题的作品就从《诗的女神》《"将来"的女神》,一跃成为女神三部曲了。出生于海军军官家庭,有"海的女儿"[1]之称的冰心,因为诗作《海的女神》,也更加名副其实。《诗的女神》《"将来"的女神》分别作于1921年和1922年,均为中国新诗宝库中的名篇。不妨顺手抄录如下,以飨大家,免除读者检索之累——

诗的女神

> 她在窗外悄悄的立着呢!
> 帘儿吹动了——
> 窗内。
> 窗外,
> 在这一刹那顷,
> 忽地都成了无边的静寂。

---

[1] 张放《海洋文学简史:从内陆心态出发》(巴蜀书社,2015),为冰心设立的专节就是"海的女儿"。

看呵,

是这般的:

满蕴着温柔,

微带着忧愁,

欲语又停留。

夜已深了,

人已静了,

屋里只有花和我,

请进来罢!

只这般的凝立着么?

量我怎配迎接你?

诗的女神呵!

还求你只这般的,

经过无数深思的人的窗外。

1921年12月9日

"将来"的女神

我抬头已瞥见了——

你桂花的冠子

雪白的羽衣

你胸前的璎珞

是心血般鲜红

泪珠般洁白

你翅儿只管翱翔

琴儿只管弹奏

你怎的只是向前飞

不肯一回顾?

你的光明的脸

也许是欢乐

也许是黯淡

也许是微笑

也许是含愁

只令我迷糊恍惚——

你怎的只是向前飞

不肯一回顾?

将来——

是海角

是天涯

天上——人间

都是你遥遥导引——

你怎的只管向前飞

不肯一回顾?

看——
只有飘飘云发，
铮铮琴韵
飒飒天风
如何——如何？
你怎的只管向前飞
不肯一回顾？

读罢三首"女神"，不知道诸位是否和我感受一样：《海的女神》是不输给其他任何一首的！我不是新诗评论家，对诗歌没有研究，也无意因为发现了冰心的佚诗而去胡乱指手画脚一番。《海的女神》的具体分析以及其在新诗史上的地位，还是留待诗评家去做吧。不过，我还是想说，冰心《诗的女神》中有这样的句子："满蕴着温柔，微带着忧愁，欲语又停留"，放在这里评价《海的女神》，应该恰如其分。

2018年4月23日至5月3日

陈梦家怀念亡妹的佚诗

入伏后,天气燥热,我只能埋头于故纸堆中。现代作家的佚文佚诗间或跃入眼帘,当然有些有价值,有些无价值。此刻,1933年2月11日上海《中华日报》上的一首短诗,让我眉头深锁,叹息连连,久久不知如何握管下笔。如此,那不妨先看看这首题为《小天使——纪念亡妹余妍》的新诗吧:

> 白雪正像你的命运
> 你的灵魂啊你的美
> 你等候着朝天上飞
> 太阳指点你的路径

> 仙乐在天边上旋回
> 神光中传来了歌唱
> 剩一双洁白的翅膀
> 悄悄的飞轻轻的飞

> 上帝不要你太住久
> 许你在晨光里呼吸

透露你无瑕的纯洁
嫩青青的五个春秋

我时常向着天上望
星星像是你的欢欣
白云里有你的声音
来啊这美焕的天堂

七月二十六雨,上海。

诗的作者就是出生在南京基督教家庭的诗人陈梦家。诗人的诗作,我以前读过一些,但仅限于此,对他的家庭情况了解甚少,看到此诗之前根本不知道他有一位叫"余妍"的妹妹。

读了此诗,感觉有着和基督教紧密联系的宗教性情感,随手查了一下,果然有论者专门写过《"他与主的神光相遇"——论陈梦家诗歌的基督性》[1]一文加以阐述。当然,该文作者写作时并不知道这首佚诗的存在,文章只是说小妹余妍之死,对诗人影响很深,诗人在长诗《往日之二——昧爽》"以哀而不伤的笔触记载了这段经验":

---

[1] 作者薛媛元,刊于《科学经济社会》2015年第4期。

> 在最后下雪的礼拜六,你说
> 你要回去了,在天上过圣日,
> 你知道自己的命数,你的福分
> 原在天上,地下五周年是寄身;
> 阿,你弥留时一个圆光的微笑,
> 你眼睛也笑了,透明的微笑,
> 那笑是一种神圣的消息,你说:
> "天使的脚步在窗门外等你。"

两首诗对照起来,有一个相同的信息,就是陈梦家妹妹余妍飞升成为小天使的时候,天正下雪。而从"嫩青青的五个春秋"和"地下五周年是寄身"来看,余妍其时只有区区五岁。关于余妍早夭的原因,陈梦家的弟弟、水文地质学家陈梦熊院士在《我的水文地质之路——陈梦熊口述自传》[1]一书中叙述说,在三哥陈梦家和他之间,母亲还生过一个姐姐余妍。据说这个姐姐天生好看,尽管小时候夜夜哭闹,影响父亲的工作,但家里的人仍然非常喜欢她。姐姐很聪明,刚会走路就能背诵文章,还会唱歌。她笃信耶稣,因此最得父亲宠爱。有时候几个哥哥欺负她,她还会说:"你们不好,耶稣在天上知道。"她还经常学着父亲的样子早晚祈祷。

不过,余妍死的时候,陈梦熊才一岁,不可能有什么印象,

---

[1] 湖南教育出版社,2013。

他根据哥哥陈梦家及母亲的回忆转述说：

> 我们家住在南京的时候，曾经一度和司徒雷登是邻居。后来司徒雷登要到北京去当燕京大学的校长了，他走的时候就把他家养的狗送给了我们。有一天我大哥和这个姐姐被那条狗咬伤了。那时候在南京打狂犬病疫苗很困难，我父亲就带着我大哥和她到上海去打针。听说他们在上海住了30多天，大哥和这个姐姐打了70多针。他们回到南京以后家里人都非常高兴，以为没事了。但是第二天这个姐姐就感到不舒服。开始家里人也没在意，直到有一天早晨我母亲问她做什么梦了，她坐起来认真地说，昨夜耶稣召我去，给我糖果，要我长久住在那儿。她还描述耶稣的样子，众天使的神态……母亲后来给我们讲这个故事的时候还时常流泪。后来她的病越来越厉害了，发高烧、说胡话、哭闹。家里人非常着急，试验各种药方都没有效果。她死的时候才五六岁。

读到此处，得知余妍早夭，原来是被狗所咬，而专门去上海注射狂犬病疫苗，也没有起作用！令人惊讶的是，疯狗原来的主人，竟然是行将去北平出任燕京大学校长的司徒雷登！

不过，陈梦熊的叙述，和陈梦家在自传体文字《青的一段》[1]里的说法，略有不同。在陈梦家笔下，咬伤他大哥和妹妹的狗，是"邻居的外国传教士好意的把一条迷失后又追回的洋狗送给了我们"，他和二哥负责喂养，狗也和他们十分亲密。"原先养过猫，一夜失踪后两个小人有很感动的悲伤。这一回我们把爱心移在洋狗上，这是余妍丧身的祸端。"不知为什么，这条狗后来疯了，在一个礼拜天，咬了大哥的腿，"小妹穿好连衣裙的洋服正下台阶，那条疯狗向她绕三匝拖倒咬了头……"

此处只说送给他们狗的是一个外国传教士，并没有提司徒雷登的名字。陈梦家的父亲陈金镛和司徒雷登是金陵神学院的同事，1916年两人还合作出版过《圣教布道近史》一书，后来陈梦家和赵萝蕤的婚礼就是在司徒雷登燕京大学的校长办公室里举行的。不知狗来自司徒雷登的说法，来源何处，是否可靠。陈梦家在《青的一段》说："余妍的死，在民国七年冬至前四日，才五岁。"顺手查了一下万年历，民国七年即1918年冬至，是12月22日，冬至前四日，应该是12月18日。1918年底，倒确实是司徒雷登离开南京，应邀前往北平筹办燕京大学的时间。

不过，这个时间节点，如果和上述诗作《往日之二——昧爽》及回忆录《青的一段》对比的话，还是有不吻合之处。诗中的句子"在最后下雪的礼拜六，你说/你要回去了，在天上过圣日"，文章中的描述"我父亲看她无望了，问她那天回家。她决

---

[1] 载《文艺月刊》1931年2卷11、12合刊。

断的说'礼拜六'",都是说余妍预言自己礼拜六"升天",而且事实上也确实如此,不过,1918年冬至前四日,即1918年12月18日,并非周六而是周三,周六是12月21日,即冬至前一日!《青的一段》一文,陈梦家1931年2月18日写成于南京小营时,距离余妍过世已有十三年,按理说,诗文中反复强调的"礼拜六"是没有问题的,如此,那就是时间久远误记或排版误为"冬至前四日"。

《小天使——纪念亡妹余妍》一诗后注明的写作时间为"七月二十六雨,上海",推测应该是发表前的一年,即1932年。诗作《往日之二——昧爽》发表在1934年6月1日出版的《学文》1卷2期,注明写作时间为"十月二十三日天明前",结合《往日之三——陆离》后的标注,得知这组诗是"二十二年十月二十三日见隂星,三十日脱稿。芜湖狮子山青阳楼,"写作时间是发表前的1933年10月。诗人在妹妹去世十多年后,连续写诗为文回忆妹妹,说兄妹情深自然不错。但依照拙见,更有忏悔的成分存在。在《往日之二——昧爽》,不就有这样的句子吗——

> 在你五岁的时候就舍弃我,
> 不顾我还有许多次的赔礼,
> 我比你大两岁,我时时欺负你,
> 在小事件上,余妍你总是谦让;
> 啊,上帝爱了你,他要你先去,
> 留在世界上的,全是不成全的

  该多受罪的恶人，上帝的刍狗！

  读到这里，不禁泪目。恍惚中惊觉，诗人陈梦家的小妹余妍成为小天使距今恰逢百年。她当年安息的清凉山墓园，距离我目前的住所不远。公园犹在，但墓园早已无迹可寻了。

2018年7月28日晚，南京石刻湖畔

臧克家"最有意义的诗"源于散文
——臧克家佚文《炭鬼的世界》

鬼都望着害怕的黑井筒,
真奇怪,偏偏有人活在里边,
未进去之先,还是亲手用指印
在生死文书上写着情愿。

没有日头和月亮,
昼夜连成了一条线,
活着专为了和炭块对命,
是几时结下了不解的仇怨?

他们的脸是暗夜的天空,
汗珠给它流上条银河,
放射光亮的一双眼睛,
像两个月亮在天空闪烁。

你不要愁这样的日子没法消磨,
他们的生命随时可以打住:

魔鬼在壁峰上点起天火,
地下的神水突然涌出。

他们不曾把死放在心上,
常拿伙伴的惨死说着玩,
他们把死后的抚恤
和妻子的生活连在一起看。

他们也有个快活的时候,
当白干直向喉咙里灌,
一直醉成一朵泥块,
黑花便在梦里开满。

别看现在他们比猪还蠢,
有那一天,心上迸出个突然的勇敢,
捣碎这黑暗的囚牢,
头顶落下一个光天。

上述诗作《炭鬼》是臧克家写于1932年5月的新诗作品,初见于1933年自印诗集《烙印》。虽然《炭鬼》不是诗人最知名的新诗作品,但闻一多为《烙印》写序时,还是把它和《难民》《老哥哥》列为臧克家"最有意义的诗"。

关于《炭鬼》,臧克家曾在《悲愤满怀苦吟诗》一文中回忆

说:

> 记得有一次,我拿《炭鬼》这首短诗去求教,当他(指闻一多先生——作者注)念到"放射光亮的一双眼睛,像两个月亮在天空闪烁"的时候,他起身到外文书架上顺手抽出一本诗集,对我说:"这个比喻不错,你看这位外国诗人,也曾把额上的矿灯比作太阳。"我们每次谈诗,好似师生的界线也泯没了,他顿然从一位严肃的学者回到了热情诗人的境界。[1]

当然,《炭鬼》中除了挖炭夫的眼睛"像两个月亮在天空闪烁"这个比喻让闻一多赏识外,还有"一直醉成一朵泥块,黑花便在梦里开满"的警句,被诗评家称为"真是字斟句酌,意新语工,使表情传意达到了贴切、生动的地步"。[2]

一个偶然的机会,我在浏览《大公报(天津版)》的时候,发现《小公园》副刊刊载有臧克家的散文《炭鬼的世界》。查阅时代文艺出版社2002年12月出版的《臧克家全集》,散文部分并未收录此文。我把这个消息告诉臧克家的女儿臧小平大姐,她十分高兴,认定这是她父亲的一篇佚文,乐见我整理出来。《炭鬼的世界》发表于1931年1月7日(未署写作时间),比目前《臧克家全集》第5卷散文部分收录的最早的散文《祖父死去的周年》

---

1 《臧克家全集》第6卷,时代文艺出版社,2002,第411页。
2 刘增人、冯光廉:《臧克家简论》,冯光廉、刘增人编《臧克家研究资料(上)》,知识产权出版社,2010,第337页。

写作时间（1931年1月12日）、发表时间（连载于1931年2月4日、5日、8日青岛《民国日报》）都要早，很有可能是臧克家发表的最早散文作品（至少是迄今为止发现的最早发表的散文作品）。兹照录如下（个别字迹漫漶，没有把握的，以黑体字加粗标出及附注）：

这样短的假期，本不想离开学校，不过大多数同学归家的骚动，使我感到一走为快。故乡怕去，为了友情，我来到了这炭鬼的世界——博山。

下车在晚上，天是一团黑，脚踏在地上觉到软软的，一种细微的气息刺激着不大习惯的嗅觉。

次日早晨，发现了满身黑土，像吸铁上的细屑。仰头望望天，浮动着一层黑色的雾，像薄薄的轻纱，遮去了太阳的光亮微笑的面容；低头看看地，黑土给它作成了一条厚软的外衣，一直展到视线以外，人们走在上面，和苍蝇爬在墨盒的绵子上一样。路狭长的几乎成了一条线，擦肩磨踵往来的多半是些臭汗满身的黑脸鬼，他们天天从早晨第一次鸡鸣到西山迎去太阳，几乎饭都不暇吃，拼命把炭块装上小车，从炭井里运到车站；但他们曾没想过这炭给车载到那儿去。

摩天高的烟筒指给人们，那儿地下有个独立的世界。里面妖洞一般，有些黑鬼在蠕动着，他们的工作，便是和炭块对命，天天可以拿到五六毛钱。有时火从石上灼起，水从地下涌出，不值钱的性命，便断送在这里边，听说他们进这个

1931年1月7日天津《大公报》刊登的臧克家散文《炭鬼的世界》书影

黑洞之先，还在生死的文书上印着情愿的指印，他们看来并不怕死，在酒醉的当儿常把侣伴的不幸当作谈话，死，在他们眼里是不轻易的，万一碰到**十三分**上，老婆孩子还可以拿几十块恤金，过几天**超赢**日子。

这个世界里的人，呼吸在黑气里，活在黑暗命运的掌握中，连梦都是黑色。

同时我想到了几日前置身的那个世界，有光亮到滑倒苍蝇的桐油马路，在上的（疑似面——作者注）奔驰的有威风凛凛的汽车和油头粉面的花男绿女；有碧绿无垠的大海，宜嗔宜笑的青山，供给情侣们的（疑似冗余——作者注）幽会和欣赏；有绿树拂映着的红楼，里面住着革命巨子和普罗作家。

这个世界有温暖的太阳，有幽美的星光，有玫瑰花色的微笑。

这两个世界悬绝的在一个天底下，就是梦神的翅膀也穿不过中间的铁壁；然而他们无形中时时在厮杀。

不过，我想总有一天要来到的，他们——这两个世界的人，会碰在一条窄路上……

对比诗作《炭鬼》和散文《炭鬼的世界》，很清楚地看到了新诗和散文的边界。除了闻一多所欣赏的诗作中的比喻和诗评家称赞的警句，诗中"有那一天，心上迸出个突然的勇敢，/捣碎这黑暗的囚牢，/头顶落下一个光天"的句子，也让不少论者激赏不已，而且这些句子，全然都是诗的语言，在散文中是见不到的。

臧克家散文《炭鬼的世界》的发表,到新诗《炭鬼》的写作,隔了一年多的时间,这一年多的时间,诗意的升华,最终导致了一首"最有意义的诗"的诞生。作为"最有意义的诗"的"先头部队"的散文,其意义自不在话下。

我只是一名现代文学史料爱好者,于新诗评论、散文评论都是外行,新诗与散文的关联及区别以及同题诗文,是一个巨大的研究课题,即便局限在诗人臧克家一人,我也无从置喙。诗人臧克家同题散文和诗作,比较知名的还有《老哥哥》(诗与散文均发表于1932年)、《六机匠》(散文创作于1935年,发表在同年12月6日出版的《文学季刊》第2卷第4期;诗歌1944年创作,次年发表)以及散文《星群》(写于1945年)和新诗《星星》(写于1946年)。诗作《炭鬼》相同主题散文的发现,如果能够给专注于现代文学的专家学者深入研究提供一些材料和帮助,拓展"农民诗人""人民诗人"臧克家的研究范畴,则已幸甚幸甚!

2018年4月4日—8日

水天同戏作胡适之体的六首诗

大约四年前的一天,昆仑出版社著名编辑、小说家张鹰师姐在微信上联系我说,著名美术评论家水天中先生给她写信,想和我取得联系。微信上传来的水先生的信函这么说:

> 在互联网上拜读你纪念吴奔星的文章,感人至深。吴奔星先生是我大哥水天同的老友,吴心海先生曾撰文评介其早年诗作,最近我编一本回忆文集,想收入吴先生的文章,但无法与他联系,偶然看到您的文章,想询问如何与吴心海先生联系。

天中先生所提到的我的文章,就是发表于《博览群书》2011年第1期的《翻译家水天同的新诗及诗论》(以下称《拙作》)。甘肃水氏是名门望族,乃文化、教育之家,水天同先生又是先父青年时代的诗友(《小雅》诗人群之一),拙文能够收入天中先生的新编,我荣幸之至,岂有不同意之理!当天晚上,我在电话里告诉天中先生:天同先生是被大大低估的诗人、翻译家和教育家,应该有人对其创作、翻译及英语教育上的成就做更深一步的挖掘和研究,恢复其应有的历史地位,而我还掌握有水天同先生的资料,一直想再写一篇文章,但冗事缠身,一直没有机会动笔,颇为遗憾。

我所说的水天同先生的资料,就是他以笔名"斫冰"发表在《人生与文学》2卷2期的《胡适之体的新诗六首》(以下称《新诗六首》)。冗事缠身虽是理由,但迟迟没有动笔的主因还是天同先生这六首从无人提及的诗作颇难评判。今年10月份,水天同先生在兰州大学的最后一届研究生杨士虎教授辗转和我取得联系,说兰州大学拟在2019年出版《水天同先生诞辰一百一十周年纪念文集》,要收入我在《博览群书》上发表的《拙作》。这也让我感到时光飞逝的可怕,关于水天同先生另一篇文章的写作,不应该再拖延下去了。

我曾在《拙作》中谈及水天同曾在1936年4月10日上海《新中华》半月刊4卷7期头条位置发表《胡梁论诗》一文,参与围绕"胡适之体"诗歌展开的论战。从实质上而言,他的《新诗六首》也是论战的一部分,而且是把论战从文论延伸到了诗歌创作,由此证明陈子展等人鼓吹"胡适之体可以说是新诗的一条新路"之荒谬。就我目力所及,论者在谈及围绕"胡适之体"的论争时很少注意到水天同的重要文章《胡梁论诗》,至于他延伸论战到创作的《新诗六首》则更是根本无人提及了!

《飞行小赞》PK《吃面小读》

我读了水天同的《新诗六首》,再读胡适1936年在《自由评论》第12期所发表的《谈谈"胡适之体"的诗》,惊觉后者包含了和《新诗六首》完全对应的"胡适之体"的新诗六首!在这篇文章中,胡适首先引用了陈子展所举的"胡适之体"的一首例子《飞行小赞》(又作《桂游小赞》):

> 看尽柳州山,看遍桂林山水。/天上不须半日,地上五千里。//古人辛苦学神仙,要守百千戒。/看我不修不炼,也凌云无碍。

对于陈子展"像《飞行小赞》那样的诗,似乎可说是一条新路"的说法,胡适谦称"只是我走惯了的一条'老路'。我自己走我的路,不管别人叫它新旧,更不敢冒充'创造'"。话虽如此,他紧接着又说:"我曾屡次说过:工具用的熟了,方法练的细密了,有天才的人自然会'熟能生巧':这一点工夫到时的奇巧新花样,就叫做创造。"再结合他后面又说的"'胡适之体'只是我自己尝试了二十年的一点点小玩意儿"来看,把"走惯了""工夫到时""尝试了二十年"等关键词串起来,让人不能不认为胡适还是欣然接受了"新路"和"创造"的说法。

或许水天同先生当年的感觉和我一样,才会写出针对胡适诗作的《新诗六首》。当然,这只是个人的揣测,就此打住,先看《新诗六首》中与《飞行小赞》所对应的《吃面小读》:

> 吃过炸酱面,吞过打卤面条,/一天至少两顿,一年多少面条?//世人皆说为吃饭,不断的心焦。/看我每天吃

面,多么自在逍遥!

说实在话,初读这首《吃面小读》,感觉游戏味比较重,甚至比不过陶行知1935年在《生活教育》第17期《新诗路线》一文中对《飞行小赞》的"答复"诗作,不妨看个端详:

流尽工农汗,还流泪不息。/天上不须半日,地上千万滴!//辛辛苦苦造飞机,无法上天嬉。/让你看山看水,这事倒希奇。

陶行知在诗后还紧跟了这么一句:

我把这首诗读给乡下人听的时候,张健小先生站起来说:"这种事并不希奇,我想把末尾一句改为:'让你看山看水,还要吹牛皮!'他这一改,是把胡诗人描写得格外活跃了。但我这希奇的境界是从觉悟中发现出来的。照平常的目光看来,是没有什么希奇,但一经觉悟,那能不感到奇怪?

我们不敢说已经找着新诗的正确路线,只是指出像《桂游小赞》一类的作品决不是我们可以走的路。

仔细品味,水天同的诗作没有陶行知诗作"流尽工农汗"云云那么直白,却别开蹊径,似乎只是在面条上大做文章,但普通民众每日忙碌,为养家糊口而心焦,如何能有天天吃面者的"自在逍遥"!?暗讽之力,透过纸背!

当然,水天同虽然和陶行知共同反对"胡适之体"的道路,但他们的诗歌主张,却是完全不同的。因不在本文探讨的范畴内,这里就不赘述了。不过由此可见,当时以诗歌反对"胡适之体"的并非单打独斗。

《便秘》PK《烦闷》

胡适在引用了《飞行小赞》后,谈及他作诗所需要的"戒约",其中第二条这样写道:

> 用材料要有剪裁。消极的说,这就是要删除一切浮词凑句;积极的说,这就是要抓住最扼要最精采的材料,用最简炼的字句表现出来。十几年前,我曾写一首诗,初稿是三段十二行,后来改削成两段八行,后来又删成一段四行:
> 放也放不下,
> 忘也忘不了;
> 刚忘了昨儿的梦,
> 又分明看见梦里的一笑。
> 最后我把前两行删了,只留最后两行。我并不是说,人人都该作小诗。长诗自有长诗的用处。但长诗只是不得不长,并不是把浮词凑句硬堆上去叫它拉长。古人所谓"增之一分则太长,减之一分则太短",才是剪裁的真意义。

水天同的《新诗六首》中的第一首《便秘（首二句或曰可删）》：

拉也拉不出，忘也忘不掉；——/刚系好了松了的裤带，又分明觉得肚里一阵子闹。

从紧跟题目的"首二句或曰可删"就分明可以看出，这是针锋相对胡适上文中所引用的诗作《烦闷》的。题目《便秘》直指胡适肚子里没啥货色，搜肠刮肚，却挤不出恰当的诗句，如便秘一般。平心而论，胡适的诗作虽谈不上名篇佳构，但"刚忘了昨儿的梦，又分明看见梦里的一笑"的句子，却是很多恋爱中人的体验，还是颇有打动人心的诗意的。水天同的诗，看似趣味不高，但从讽刺的角度而言，与"话糙理不糙"同理。

《痰盂》PK《狮子》

胡适写诗"戒约"的第三条是"意境要平实"，列举的是徐志摩死后他所写的诗作《狮子（志摩住在我家中时最喜欢的猫）》：

狮子蜷伏在我的背后，软绵绵地他总不肯走。/我正要推他下去，忽然想起了死去的朋友。//一只手拍着打呼的猫，两滴眼泪湿了衣袖：/"狮子，你好好的睡罢。你也失掉了一个好朋友!"

胡适认为:"就在一种强烈的悲哀情感之中,我终觉得这种平淡的说法还是最适宜的。"

先父吴奔星曾评论《狮子》说:胡适"面对的是狮子,想着的却是亡友。因此,诗的最后那句平淡的诗句,用一个'也'字,该是最悲痛的心情的结晶了。写悼念的诗文,有两种方式:一种是号啕痛哭,下笔千言;一种是至亲无文,吞声忍泪。这首诗属于后者。"[1]

对于"狮子",水天同自然不会如胡适那么感同身受,于是就有了《痰盂(亡友口口住在我家时最喜欢的一件家具)》这么一首诗:

> 痰盂静坐在我的客厅,呆板板的他毫不做声,/我正想踢他个粉碎,忽然想起了死去的某兄。//一只脚踏着静默的痰盂,两滴眼泪滴湿了衣袖;/"痰盂,你好好的坐着吧。你也失掉了一个好朋友!"

拿诗人徐志摩喜欢的猫"狮子"去和一件"痰盂"去比较,估计无论是喜欢徐志摩还是喜欢猫的读者,心理上都是无法接受的。

---

[1] 吴奔星主编《中国新诗鉴赏大辞典》,江苏文艺出版社,1988,第37页。

《圆明园题墓》PK《第五十九军抗日战死将士公墓碑铭》

这里长眠的是二百零三个中国好男子！他们把他们的生命献给了他们的祖国。/我们和我们的子孙来这里凭吊敬礼的，要想想我们应该用什么报答他们的血！

此为胡适在诗作《狮子》之后所引题为《第五十九军抗日战死将士公墓碑铭》的四行，自我评价是"固然谈不到'含蓄'，至少还是'平实'的说话"。

胡适1934年5月5日的日记，对第一次用白话为抗日烈士写作《碑铭》有如下记录：

试写华北军第五十九军"抗日阵亡将士公墓碑"，涂改甚苦，终不能满意。

这是我第一次用白话作碑版文字，颇觉得这种试验不容易。碑文约千五六百字，写到半夜后一点，铭词四行，一气写成，差不多不用改。

对胡适为抗日烈士所题写的铭词，水天同不再采取此前几首诗作的戏谑的态度，其笔下的《圆明园题墓》写的是"三一八"惨案中倒下的人们：

这里躺着的是几十名男女捣乱分子！他们把他们的生命

献给他们的执政。/我们和我们的子孙以及子孙的子孙,又不知是那一位执政来要我们的命?

长眠于圆明园"三一八烈士墓园"内的刘和珍和杨德群,就在诗中"几十名男女捣乱分子"之列。走笔至此,一直因水天同游戏笔法而嘴角上扬的我,不觉收敛起笑意……

《十一月二十五夜》PK《十一月二十四夜》

胡适在《谈谈"胡适之体"的诗》里,提到"自己最喜欢的一首是许多选新诗的人不肯选的",即《尝试集》中的《十一月二十四夜》:

老槐树的影子,在月光的地上微晃;/枣树上还有几个干叶,时时做出一种没气力的声响。//西山的秋色几回招我,不幸我被我的病拖住了。/现在他们说我快要好了,那幽艳的秋天早已过去了。

胡适认为"这诗的意境颇近于我自己欣羡的平实淡远的意境",却十五年来"不曾得着一般批评家的赏识",颇有点抱怨的感觉。其实,选家不选此诗的理由,应该还是充分的,我不去多说,且套一句用烂的俗话,那就是:"群众的眼睛是雪亮的"。

水天同针对胡适《十一月二十四夜》的"对台诗"题目只改了一个字,为《十一月二十五夜》:

1930年代初在美国留学时期的水天同（水天中先生提供）

1930年代在北平的水天同（水天中先生提供）

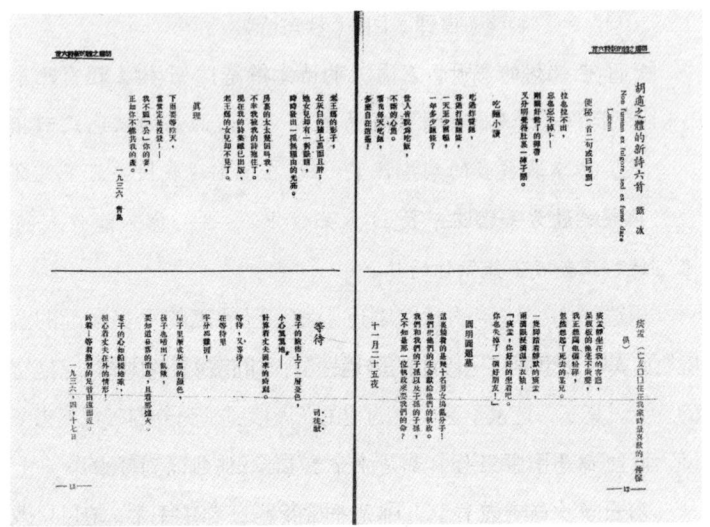

水天同《胡适之体的新诗六首》书影

老王妈的影子,在灰白的墙上黑而且胖;/她女儿却有一对眼睛,时时发出一种无理由的光亮。//房里的太太几回叫我,不幸我给我的诗拖住了。/现在我的诗集虽已出版,老王妈的女儿却不见了。

刚看到水天同诗作题目的时候,因为仅改一字,以为也是戏谑文字,但通读全诗,觉得比胡适诗作的亮点多,有形象,有"包袱",有转折,内容则好比一篇微型小说,颇可令人咀嚼,甚至让人太息。

《真理》PK《梦与诗》

胡适在《谈谈"胡适之体"的诗》的结尾,引用了《尝试集》中的诗作《梦与诗》:

醉过方知酒浓,爱过方知情重:——/你不能作我的诗,正如我不能做你的梦。

其实这只是原诗三段中的最后一节,前面两节的内容是:

都是平常经验,都是平常影象,/偶然涌到梦中来,变幻出多少新奇花样。//都是平常情感,都是平常言语,/偶然碰着个诗人,变幻出多少新奇诗句!

前后的优劣,是显然的。正如网络"豆瓣小组"一位署名"无敌甘嘉嘉"的读者评语所说:"前面两段顿感无聊,看到最后却是让人颤抖……"

水天同与此相对的诗歌题为《真理》:

> 下雨要等阴天,当当定是没钱;——/我不愿"公"你的妻,正如你不能共我的产。

我读下来,觉得水的诗作题目《真理》即"常识"之谓。揣度水先生的初衷,应该是认为胡适所写的诗句不过尔尔,爱恋中人都有类似感受,不过常识而已。

水天同这首诗作的后两句留有鲜明的时代烙印,但肯定并非其政治态度的表现,而只是游戏文字的信手拈来而已。但不晓得水天同先生1949年后的坎坷遭遇,是否与此诗有关。尽管如今无论论者还是读者都对此诗隔膜得很,但20世纪50年代知情者多,密报者也多。如果当年此诗被披露,想必是会对水先生不利的,尽管他的初衷不过戏谑而已。

水天中在《煦园春秋——水梓和他的子女》[1]中回忆大哥水天同时说:

---

[1] 《煦园春秋——水梓和他的家世》,中国艺苑出版社,2006,第212页。

水天同于1934年归国,到青岛山东大学教书,他和罗念生积极支持柳无忌(时在南开大学任教)编辑《人生与文学》,在该杂志上发表外国文学批评文章。对国内几位文学界名人的英国文学著述,有过一些直率的批评,如对胡适、梁实秋、莎士比亚研究的评论《胡梁论诗》等。但胡适对此表现出学者的大度,他与父亲熟识,见面时曾笑谈"大公子批评我真不客气……"。

这里要指出的是,《胡梁论诗》其实和莎士比亚研究是没有直接关系的。令人好奇的是,胡适对水梓老先生所说"大公子批评我真不客气……",没有指出批评的具体对象来。不过,就我所见到的水天同先生批评胡适的文字,能够达到"真不客气"程度的,应该只有《胡适之体的新诗六首》吧。

2018年12月7日修改于南京

南国诗人荻叔的惊叫

2023年春节后,曾任绍兴鲁迅纪念馆馆长的裘士雄先生在微信群中发文说:

> 敬告诸位:多年来,有数百国内外师友、学兄寄语于我,其中不乏励志警句。从今开始,我打算一天一则,与大家分享,并以此替代"早上好"之类的客套。

裘先生所发的第三则,乃是暨南大学教授、诗人陈芦荻1980年5月21日访绍兴游东湖、沈园后,即兴口占,题赠给裘士雄的一首诗。此诗没有收入芦狄《荻花集》[1]旧诗卷中的"绍兴游草"三首里,兹录如下:

> 赢得东湖半日游
> 陶公洞里快同舟
> 江山揽胜情偏好
> 最是沈园话陆游

---

[1] 花城出版社,1993。

1980年5月21日，访绍兴游东湖，沈园，与者吴奔星、徐瑞岳、孙晨、裘士雄、阎青山、胡静、陈妙云诸君子，偶尔口占，即赠裘士雄留念　芦荻

芦荻题赠裘士雄诗作书影（裘士雄先生提供）

读到此诗及后面的说明文字，不由让我想到1980年5月28日，时任徐州师范学院中文教授的吴奔星和芦狄同访巴金的事来。对于这次拜访，上海老作家、《巴金传》作者徐开垒曾在悼念吴奔星的文章《诗人有情》[1]中回忆：

> 吴奔星曾在1980年来过上海，他曾向我表示希望一见巴老，我也就把他推荐给李济生同志，请李陪同去见了巴金。为此，吴奔星回到徐州，也写了一首诗，抒发了他对巴老的感情。

徐文所说的"一首诗"，指的是吴奔星1981年12月24日发表

1　载2004年10月18日《文汇报·笔会》。

于《文学报》的诗作《草坪——赠巴金先生》。诗作开头的一节"踏进你的宁静的庭院，/展现一片绿色的草坪——/它同主人一样：敞开好客的胸脯，/睁大青色的眼睛"，诗化地描述了巴金的好客。在诗作的最后一节，则有这样的句子：

> 一个南国的诗人惊叫一声——
> 这又是一个"百草园"，是青春的象征。

诗后的注解写道："南国的诗人，指广州暨南大学教授陈芦荻同志，三十年代的诗人。"

吴奔星拜访巴金，诗人芦荻在一旁惊叫，并非巧合，上述裘士雄先生保留的芦狄赠诗就是最好的史料佐证。早在当年5月中旬，作为"四人帮"被粉碎后国务院批准的首批高校硕士生导师的吴奔星，已率攻读中国现代文学硕士学位的学生徐瑞岳和孙晨在广州拜访了作家陈残云，其后又马不停蹄来到浙江绍兴参观鲁迅纪念馆，邂逅30年代的诗友陈芦荻。后来，吴陈二人联袂前来上海，由时任《文汇报》副刊"笔会"主编的徐开垒安排，一起拜访巴金。

关于绍兴的这次邂逅，芦荻写有《访绍兴鲁迅故居》一文，其中写道：

> 初夏季节，江南一片翠绿。在阳光闪耀下，我来到美丽富饶的水乡绍兴，访问鲁迅故居。到了鲁迅纪念馆，遇上阔

别四十多年的老诗人吴奔星。他到广州时我去了杭州,这次途中邂逅,分外高兴。当天下午,我们联袂游览了当地的一些名胜古迹,第二天早上,前往瞻仰鲁迅故居、百草园和三味书屋。这是一次难忘的访问,留下印象很深。

……

在参观完故居几间主要堂屋之后,我们急于访问鲁迅童年的乐园——"百草园"。过去读《从百草园到三味书屋》时,早就心向神往。离开厨房,北行十多步,走出故居的后门,便一眼看到百草园。园内草色青青,还有高大的皂荚树,隐约听到树上的蝉吟。绍兴的初夏,天气燠热,走在太阳下,全身冒汗。我们沿着一道矮墙漫步,想寻觅一两只蟋蟀。奔星带了照相机,要在墙边树下拍一张照片纪念。这是一次难得的机缘,我和其他同行的人很是高兴,奔星怂恿我写首诗留作鸿爪,我随口哼了四句:

日照芊芊百草园,同游蹀躞意绵绵;
依墙粉蝶纷飞处,遥忆鲁翁少日缘。

诗不好。意在抛砖引玉。我向奔星索句,但因匆匆赴去三味书屋,他答应以后交卷。

(陈芦荻,《荻花集》,第417页)

读了这段文字再看上述诗中南国诗人的惊叫,就顺理成章了——两位诗人刚刚参观过绍兴鲁迅故居的百草园，留下深刻印象，即便读者不知道巴金住所的草坪和鲁迅故居百草园的异同，但起码从诗人芦荻的惊叫能够得出印象："这又是一个'百草园'"！遗憾的是，就我目力所及，尚未看到诗人芦荻就这次拜访巴金所写的诗作或散文。

从上述文字中"遇上阔别四十多年的老诗人吴奔星"还可以看出，两位诗人之间的友谊当时已近半个世纪。他们初次见面，应该是在抗战爆发后的广西，芦荻曾任《广西日报》副刊"漓水"主编，而吴奔星在"漓水"发表过多篇诗作。不过，两人的文字"姻缘"，应该更早，因为芦荻是吴奔星抗战前在北平主编的《小雅》诗刊的作者。关于自己的新诗创作情况及和《小雅》的渊源，芦荻曾在《芦荻诗选》[1]的"自序"里回忆说：

> 一九三三年，我上大学的头一年，正值现代诗兴起。《现代》杂志出版后，一九三五年，《新诗》继之出版，这两本刊物刊登的诗都给诗坛带来影响，这就是大家称之为"现代派"的诗。随着，我也写了一些表现形式和情韵都近现代派的诗作，发表于当时广州出版的一本文艺月刊《红豆》上，我记得有一首小诗，第一节的几行：
>
> 六月里送来微凉的秋

---

[1] 花城出版社，1986。

梧桐叶上有白露垂滴了
蟋蟀也在回顾自己呢

之外,《红豆》还发表过我另一些短诗,例如《生涯》,也似带象征朦胧的情调。在北平出版的《小雅诗刊》,也发表过我的一首《行旅》,同样是类似上述情调的,其中有句:

茫茫的山,茫茫的水
茫茫的路,茫茫的行旅

这些诗习作,现在看来,都踩下了我在诗歌创作道路上起步的脚迹,反映出我在那个苦闷年代里的青年心影,也可以说是时代的侧影吧!

这段"自序",还收录在上引的花城出版社1993年出版的《荻花集》的"序与跋"中。芦荻虽然是起步颇早的新诗人,但因不专攻现代文学史和新诗研究,文中所言"一九三三年,我上大学的头一年,正值现代诗兴起"和"一九三五年,《新诗》继之出版",都与史实不尽相符。而他所引用的《小雅》诗刊第一期发表的诗作《行旅》中的诗句,更是和原文有很大出入,有必要引用《行旅》全诗如下:

负载着感伤的重量/（虽然这感伤是智慧的）/客路中不必残月晓风/晨曦已刻上我浪荡的痕迹/茫茫的足茫茫的步/茫茫的一身的影/茫茫的我浪荡的行旅/一九三六，五月。

两相对比，明显差异不少。不知道诗人芦荻写作"自序"的时候，是凭借记忆呢，还是另有所本？

由此，我又想到芦荻文中提及的《红豆》上发表的小诗第一节的几行，费了一番功夫找到他在《红豆》三卷二期发表的《生涯》、三卷三期发表的《自祭曲》《春夜》、三卷五期发表的译诗《早春》、四卷三期发表的《天路》《残梦》，并未找到文中引用的诗句。后来，在"香港文学资料库"里，查到这么一则资料：

篇名：六月里送来微凉的秋
著者/译者：芦荻
出版资料：《红豆》第二卷第二期，1934年09月01日
类别：诗歌

原来，这首诗作恰好刊登在我未能寓目的《红豆》第二卷第二期上！这首诗未见收录于芦荻的诗选或其他诗歌选本，"香港文学资料库"只有存目而无全文，通过电邮求助，才得以窥见此诗全貌。果然，所引诗作的"蟋蟀也在回顾自己呢"，原文作"蟋蟀也在回头顾自己呢"，虽然只有一字之差！

最后，要说一说题目中的"荻叔"二字，因为芦荻在周围

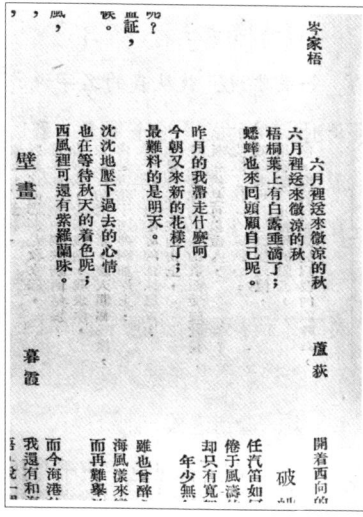

芦荻发表在《红豆》第二卷第二期诗作《六月里送来微凉的秋》书影

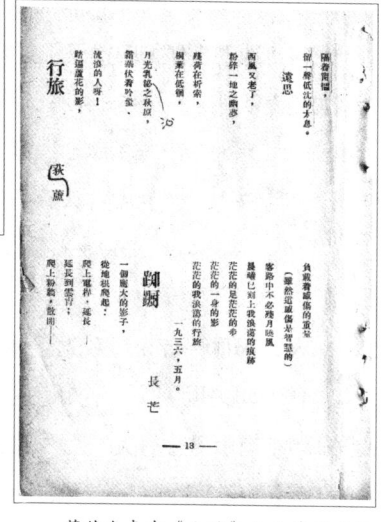

芦荻发表在《小雅》上的诗作《行旅》书影

的朋友里，是以"荻叔"知名的。《荻花集》中收录有诗人写的《芦荻自画像》，有这么一段文字：

> 说自己，没有什么好说的。如果要说，就从我的名字说起吧。我，叫芦荻，开始发表诗时，用的就是这个笔名。到现在，已用了半个多世纪了。原名培迪，早就没有叫了。人们不论男女老少，都叫我荻叔，姓陈。

该诗选的责任编辑樱子，在"关于《荻花集》的题外话"中也如此表示：

> 荻叔。大伙都这么称呼他，于是我也这么叫他，快十年了。不是不敬，而是一种大敬。

大家都称呼诗人芦荻为"荻叔"，除了他年长（1912年出生，1994年去世）外，不知道是否是要和另一个走进中南海的女教师芦荻有所区分有关？因为随便在百度或国内其他搜索引擎输入"芦荻"这两个字，出现的大部分结果，都是女教师芦荻，而非诗人芦荻。

因此，这篇文章的题目，也还是称荻叔为好吧。

2017年5月28日至30日
2023年2月12日修改

不以诗人闻名的作家的新诗·五题
（陈子展、周而复、萧也牧、刘白羽、孙犁）

胡适之体的实践者陈子展

陈子展先生是我母校复旦大学中文系的知名学者，他是以研究《诗经》《楚辞》著称的文学史家。我进大学时，陈先生还健在，可惜我读的是新闻系，当时又对文学无感，不但无缘立雪"陈"门，面聆謦欬，对陈先生的了解也几乎为零。

2011年，在为父亲吴奔星编辑现代诗钞及诗论的时候，发现先父曾在1936年的《文化与教育》旬刊上发表《诗的"新路"与"胡适之体"》一文，文章的矛头就是指向鼓吹"胡适之体"是新诗"新路"的陈子展先生。原来，陈子展1935年底曾在《申报》发表题为《略论"胡适之体"》的文章，呼吁胡适莫走政治路、思想路，还是走走文学路，拿出先驱者的精神，在新诗上创造一种"胡适之体"。陈先生的文章，引发了一场关于"胡适之体"的讨论，参与论战者包括梁实秋、任均、子模、陶行知、水天同、吴奔星等，不同意见很多，多数人不同意新诗在发展了近二十年后再重走胡适的老路。

不过，陈子展先生面对反对浪潮，却矢志不移，一段时间里努力实践了不少"胡适之体"的新诗。且看陈子展一首被谱成曲

的新诗《长城谣》:

> 有鬼,有鬼,/呸呸呸!/万里长城谁敢毁?/逼得城砖开了嘴:/你修营房住几时?/快修,快走,喂喂喂!/你居东海还东海/万里长城有主在!(见《音乐教育》1936年第11期)

这首诗的写作背景,是1936年5月陈子展看到报载"古北口日商大林洋行,包修日本兵营,拆用长城砖料。十二日拆出一砖,上刻快修快走四字,当驰送承德军部"。根据陈子展在《马日》(见茅盾主编《中国的一日》,生活书店,1936年)一文里的叙述,他是看到报纸新闻后当晚写成此诗,正好此前阿英(1900—1977,现代作家)曾向他约诗稿,便以此"塞责"。

说起歌曲《长城谣》,多半人想到的是潘子农作词、刘雪庵作曲的"万里长城万里长"。其实,陈子展的这首《长城谣》也是不应被忘却的,它是中国人民十四年抗战历程里作家以笔为枪的一个明证。

遗憾的是,陈子展先生的新诗从来没有结集,也几乎没有学者去研究他的新诗,其诗人之名已经完全被文学史家、杂文家的盛名所遮蔽了。

其实,前述《马日》一文里有一个线索,即阿英曾约请陈子展把自己的诗作汇总起来:

我还答应了他，把我从九一八到现在，从《涛声》周刊，《申报·自由谈》《大晚报·火炬》，到目前的《立报·言林》，以及《宇宙风》《逸经》等杂志里面发表过的诗歌，和诗论，都搜集了给他看，约定明日午后二三时给他一个回信。可是我一向不曾自命诗人，想出部把诗集，把稿子通通留下，所以忙了三四个日子，竟搜集不齐，明日怎么好回他一个空信呢？想了一会，决定带一首诗给他看去，这是从上月三十日《立报·言林》剪下的，题目叫做《问孔》……

陈子展先生最后新诗选没有汇集成册的原因，虽然目前无法得知，但他"一向不曾自命诗人"的态度，多少可以看出点端倪。走笔至此，突然有个想法，不知道何时能够出现有心人，把陈子展先生的新诗和诗论结集出版、嘉惠士林呢？

2018年6月1—4日

小说家周而复最初是诗人

提起作家周而复（1914—2004），现在人们一般都会想到他是一位小说家，是名著《上海的早晨》的作者。其实，很多人不知道，周而复的作家生涯是以诗人起步的，他的第一部著作就是1936年6月由"文学丛报社"出版的诗选《夜行集》，且这本诗选的作序者是诗人郭沫若。郭沫若对这本诗选的评价很高："这是在重重的压迫之下压得快要断气的悲抑的呼息。这儿也活画了一张忧郁而悲愤的时代相。"

2004年,北京文化艺术出版社出版了《周而复文集》,其中第一卷以当年出版的诗选《夜行集》命名,收录了作者自1934年以来发表的现代诗歌作品二十四首以及部分诗词作品、戏剧与短篇小说。

经过对照,我发现《周而复文集》第一卷中新诗作品除了包括1936年"文学丛报社"版《夜行集》中的诗作二十三首外,还多了一首《死别》,本来以为是《周而复文集》在编辑过程中钩沉、增补的,后来才发现,《夜行集》曾在1950年3月由上海群益出版社再版过,《死别》一诗当年已增补进去,插入在诗作《老处女》和《伤兵》之间。

事实上,周而复发表(或出版)过的新诗作品,肯定不止上述二十四首。最近,我在上海《晨报》(1932年创刊,1936年停刊)钩沉先父吴奔星新诗作品时,就看到周而复的一首没有选入文集的新诗《古琴》,发表在1935年9月21日《晨报》副刊"晨曦"上。

《古琴》不长,照录如下:

昔日的歌声呢?/幽寂地,/躺在灰尘里的古琴。

再也吐出不出古典的调子,/圣处女似的虔求,/已是枉然了啊。

萦绕在耳边刺刺不休地,/是记忆里的旧曲吧,/永远也不会停止了呢。

　　踏上你逗逗的路程吧，/去寻求怀念你的友人，/月亮是你的灯笼。

很明显，诗句"再也吐出不出古典的调子"有排印错误，应该是"再也吐不出古典的调子"才对。

这首有着象征色彩的新诗虽然通俗易懂，却又不是那么直白浅显，一览无余，而是隽永清丽，颇有令人回味之处。尤其是末尾的"月亮是你的灯笼"，意境顿出，可谓是此诗的金句。

周而复1937年曾在《文学》第8卷第1期发表有《写诗小记》一文，称"写诗在我是一件苦事，然而也是一件乐事。我底诗常常是在无数次的苦吟中出来的"，"每天读几首诗差不多成了我数年来的习惯。就是接到朋友们寄来的新杂志我几乎也是先读诗的"。

周而复在这篇很少有论者注意的文章中还表示："最使我得不到好感的要算是现代派的诗。那种只适宜抒写清淡到几乎没有的灵感，这已够使我对它远离了，何况这些诗篇大半又是叫人读了一百遍也莫名其妙的呢？"

其实，周而复的《古琴》，多多少少带有点他所不屑的现代派的诗风，但很明显，他努力使得自己的诗作让读者懂得，不会叫人读了一百遍还莫名其妙。

2018年5月30日

萧也牧：误入诗人辞典的真诗人

小说家、编辑家萧也牧，1950年在《人民文学》发表的短篇小说《我们夫妇之间》（初稿于北京，重改于天津海河之滨），被作家李国文称赞为"建国后第一篇产生热烈反响的短篇小说，很快在年轻人中间不胫而走，口碑载道"。然而，同样是这篇"新中国第一篇具有城市生活意味的小说"，又使他受到错误的批判，"在当代文学史上，扮演了第一个挨棍子的作家"（作家浩然《怀念萧也牧》）。

《人民政协报》2010年11月22日发表作家石湾《被"一棍子打死"的萧也牧》一文，称作家遭受批判后，"萧也牧"的笔名也不能用了，从此恢复"吴小武"原名，降职到中国青年出版社任文学编辑室副主任，开始了默默无闻为人作嫁衣的营生（当然，萧也牧作为编辑，也获得巨大成功，著名小说《红旗谱》的责编就是他）。此说有点绝对，因为上海新文艺出版社1958年1月出版的作家文集《难忘的岁月》，收录小说、速写各八篇，署名就是"萧也牧"。

李德和主编的《二十世纪中国诗人辞典》[1]，收录的"萧也牧"辞条如此叙述：

> 萧也牧（1918—1970）
> 作家。浙江吴兴人。曾就读于吴江大学附中。1937年入

1　作家出版社，2006。

山西民族革命大学。先后在晋察冀边区牺盟会五台山中心工作。做过地区报纸《救国报》《前卫报》编辑。担任过张家口铁路分局工人纠察队副政委。1949年后相继任职于北京、天津。发表了《我们夫妇之间》《海河边山》《锻炼》等中、短篇小说。1958年出版诗集《难忘的岁月》（上海新文艺出版社）。曾受到错误的批判。后到中国青年出版社工作。主要著作收入《萧也牧作品选》。

很显然，此书是误把小说速写集《难忘的岁月》当作了诗集（至于为什么发生这种错误，实在百思不得其解），萧也牧才能够在诗人辞典里登堂入室。不过这一误录，冥冥之中却歪打正着，因为萧也牧早年的确创作过不少新诗作品，称其为诗人亦无不可。当然，上述"吴江大学附中"可能也不准确，应该是东吴大学附中才对。

就我所见，萧也牧的新诗作品，均署名"吴小武"，那么，吴小武到底是萧也牧的本名，还是他的另一个笔名呢？郑绩的《浙江现代文坛点将录》[1]称萧也牧"原名吴承淦，参加革命后改名吴小武"，恐怕并不准确，因为1934年上海《晨报》《中学生文艺季刊》发表署名"吴小武"的新诗时，作家还是"东吴吴兴附中"的学生，距离参加革命尚有三年时间。因此，《中国文学家

---

1 海豚出版社，2014。

辞典　现代第三分册》[1]称萧也牧"原名吴承淦、吴小武"更为妥当。当然，吴小武无疑也是萧也牧中学时代经常使用的一个笔名。

如此，且让我们读一首诗人吴小武的新诗《月下花前》作为本文的结尾吧——

榴花红得像火一般，/相映在这眉月一弯，/那一弯眉月啊，映着：小的，老的，大的一伙人儿车水在溪边；/他们望见溪水将干涸，/心儿"别别"，气儿喘喘，汗儿点点！/这力，这血，这汗：/能不的求得上苍赐下甘露一点？[2]

2018年6月4日

散文家刘白羽早期的新诗

上初中的时候，语文课本里选了刘白羽的散文，名称已不复记忆。只记得当时我父亲吴奔星曾告诉我，刘白羽那个时候和他一样，都在《华北日报》上写新诗。当时听了也就听了，没有放在心里，直到这几年开始对现代文学史料产生兴趣，也确实在报刊上发现了刘白羽早期的新诗作品，才明白父亲所言不虚。

1995年，北京华艺出版社推出10卷本《刘白羽文集》，其中第4卷收录了作家的十六首新诗作品，并未注明出处，只是在收录的第一首新诗《寒衣》时加了一注释，称这首诗作和散文《太

1　四川文艺出版社，1985。

2　《晨报》（上海）1934年7月30日。

行山上——太行山到荒漠的途中》同时发表在1935年1月8日《华北日报》，为刘白羽文学创作的处女作。

这一注释还指出，刘白羽1935年在《华北日报》陆续发表新诗十五首，这一时期刘应该在北平民国大学读书。因为无缘查阅刘白羽在《华北日报》上发表的新诗篇目，但从注释来推断，《刘白羽文集》在编辑过程中应该已经找到了这十五首诗作并收进文集。只是十五首之外的另外一首，是哪篇诗作呢？

1935年4月1日，刘白羽曾在《申报》发表新诗《厨子》，这首诗作收录在《刘白羽文集》第4卷第391页。如果不涉及一稿二投的情况（民国期间此例不多），《厨子》这首诗应该不在刘白羽在《华北日报》上发表的十五首新诗之列。当然，这只是推断。如果要确认，还要有待来日能够查阅《华北日报》上的资料。

当然，刘白羽创作的新诗作品肯定是不止上述十六首的。比如，有一首新诗《无语》，发表在《春云》杂志1937年第2卷第1期，就不曾收入刘白羽的文集，也未见他本人或论者提及。《无语》是首短诗，兹照录如下：

一个风雨交加的黄昏，/无语的当炉女，/流下一行凄情（似应为清——笔者注）的眼泪了。/脸上烘红的是火影吗？

巡街的马蹄声过去，/滑滑冰上有冻死麻雀的呢！/裂了缝的木棂架，/万点雪花凝成泥雨。

听远巷中点点的更声，/多年代的梦幻，/压在檐头破碎的蜘蛛网。/空叹息于壁上人影，已竟是风雪载途的暮天。

《无语》这首诗，我看了之后，也感觉十分压抑，不知道说什么是好。诗歌能够写出和题目相符的境界，我想，应该算是一种成功吧。

至于发表《无语》的刊物《春云》，则是1936年12月创刊于重庆的一本文艺月刊，作者包括郭沫若、覃子豪、李辉英、蒲风、李华飞等，其中诗人李华飞（1914—1998）也是编者之一。李华飞和诗人覃子豪、纪弦都有交往，是否认识刘白羽，手头暂时没有资料证实，但李华飞与刘白羽同一个时期在北平读大学，刘在民国大学，李在中国大学，都曾在《华北日报》发表作品，也不是没有认识并约稿的可能。

2018年6月1日

孙犁：不仅仅"诗人里行走"

孙犁是公认的小说大家、散文大家和随笔大家。他的新诗创作虽然不多，但起步很早，处女诗作发表于1934年4月26日天津《大公报》副刊"小公园"，应该是他最早的作品之一。后来，他还先后出版有诗选《山海关红绫歌》（1951）、《白洋淀之曲》（1964）、《孙犁诗选》（1983）和《孙犁新诗选》（1991），称其为诗人，也算名副其实。

孙犁本人，对"诗人"的称号十分重视。1982年12月4日，

他在给贾平凹的信中说:

> 我的诗的毛病,曼晴同志为我的诗集写的序言,说得最确切明白不过了。但因为一开头就如此,所以很难改正过来。其实不再写诗,改写散文也行,又于心不甘,硬往诗坛上挤。我的目标是:虽然当不成诗人,弄到一个"诗人里行走"的头衔,也就心满意足了。[1]

说是只要弄到一个头衔就心满意足,其实孙犁的努力远不如此。从他1934年发表第一首诗作,到1986年发表最后一首新诗(起码在我寓目范围内),跨度超过半个世纪,可见他对于新诗的钟情。至于信中所说的"诗的毛病",见老诗人曼晴为河南少年儿童出版社1983年出版的《孙犁诗选》所写的序言:

> 说实在的,我对孙犁的诗,是喜欢的,也是不大喜欢的。说喜欢,是由于它是"诗",语言隽永,感情真挚。说不喜欢,是由于它有些散文化,有时不押韵(但不是完全不押韵)。

散文化的问题,评论家王彬彬在《孙犁的意义》中也有指出:

---

[1] 孙犁:《远道集》,百花文艺出版社,2012,第108页。

孙犁的新诗,是刻意追求艾青所说的"散文美"的,或者说,是刻意表现自己所说的那种"口语美"的。但是,不能不说,孙犁的那些新诗,往往失之于"散文化"而实在缺乏"散文美"。他的那些小说和散文,常常诗意盎然,而当他着意写诗时,却总是诗意不足,这也是存在于孙犁身上的一种有意味的现象。

吕剑著《燕石集》[1]收录一封6月24日写给孙犁的信,虽然没有注明年份,但从信中"承赠大著《诗选》""曼晴的短序写得很精辟,可谓知己之言"之语,可推断信写于1983年。不过,吕剑并不完全同意曼晴的观点,他认为:"有一种自由诗写得散文(是散文美)一点也无妨,只要具有诗的素质,只要具备诗情的律动。"

我对新诗没有研究,本无置喙的水平和能力,但这几年阅读新诗不少,感觉诗人吕剑所说为持平之论。尤其是孙犁的新诗多为叙事诗,他本人也认为这些诗"是分行的散文,诗形式的记事"。我们没有必要去苛求一个小说、散文和随笔大师,同时也是诗歌的大师。

孙犁说他"诗的毛病"是"一开头就如此",在此,不妨读一下他二十一岁发表的处女诗作《我决定了》,其实也算是他的

---

[1] 湖南教育出版社,2007。

人生"随想录":

（一）离开了家,/离开了家乡的一切

（二）母亲的眼泪,/妻的怨语,/小孩的哭闹。/我解脱了,/死了一般的解脱。

（三）都市的烟,/都市的尘土,/都市的丑恶,/都市内的热力,/掠过我的眼;/肥美的大腿,/骷髅似的脸面。

（四）世界是对称的,/我想。

（五）一部分的人,/正在输血,/给那一部分的人。

（六）一切,/都由量的变化,/进到质的变化。

（七）多量的血,/形成了少数的健康美。/多量的泪,换来了一两个浅笑。

（八）在这里,/我多知道了些,/比在家里。/我决定了,/就这样流浪下去。

孙犁认为,"诗应该有一种力量:号召的力量,感动的力量,启发的力量,或是陶冶的力量。没有一种力量,能叫做诗吗"（《白洋淀之曲》后记）。读了这首《我决定了》,我至少体味到了感动和启发的力量,不知读者诸君,是否有和我相同的感受?

2018年6月5日

早慧诗人吴兴华的童年习作

诗人吴兴华（1921—1966）是近年被发掘出的一位"被冷落的缪斯"。得知广西师范大学出版社2017年初推出5卷本《吴兴华全集》的消息后，我当即在网上下单购买诗卷《森林的沉默：诗集》，隔了一天，这本厚达四百六十二页的诗选抵达我的案头。翻阅后发现，这本诗集里的前三首诗《歌》《花香之街》和《室》，均选自我父亲吴奔星20世纪在北京主编的《小雅》诗刊。

读了《诗集》之后，我写下《从〈吴兴华全集〉出版想到的——也谈〈森林的沉默〉是否轰动及其佚诗一首》一文，披露了我发现的吴兴华1935年4月15日在《世界日报》副刊《学文周刊》第7期发表诗作《露》。我在文章中指出：

> 《露》是吴兴华不足14岁的作品，也是目前所见发表的最早诗作。我不倾向称此诗为诗人吴兴华的处女作，因为很多年前，就有不少论者称他发表在《新诗》杂志上的《森林的沉默》为处女作，后来也有人说他发表在《小雅》上的《歌》或《花香之街》为处女作。新文学史料浩如烟海，不时都会有新的发现，每发现一次，就冠以"处女作"的头

衔，似无必要。

果不其然，我最近就又发现了吴兴华儿童时代发表的一篇习作《冰冷的西北风》：

> 呵！无情的西北风，又来了，虫子躲在墙角里，蚂蚁藏在穴中，燕子也搬到南方去了。人们都在屋中烤火，简直成了一个凄惨的世界。这西北风专从穷人的破衣缝中，如刀如剪的直刺，冻得那些穷人，浑身的抖，那披了狐裘重重的大氅的绅士们，坐在严密的汽车里，或是在高深的洋房中，围着气炉，西北风只能在空中逞威，不能奈何他。咳！西北风呀！你的威权只是如此吗。

因《吴兴华全集》的出版，最近称吴兴华为"天才"的消息，比比皆是。不过，就《冰冷的西北风》这篇习作看，加之想到吴兴华在写给宋淇的信中"看到一本众口交赞的朱生豪译的莎翁戏曲，朱氏为一年青学生，有此毅力，自可佩服，后来死了没有译完。序中旁人把他捧得'一佛出世'，甚为可笑"的表述，我还是倾向不给吴兴华戴上"天才"的帽子，免得他笑我。

我们知道，吴兴华原籍浙江杭州，生于天津塘沽，初中就读于天津南开中学，以后随家迁到北平（北京），一直在崇德中学读到高中毕业，十六岁时考入燕京大学。不过，对于吴兴华初中之前在天津的情况，向无论者提及，即便是他的夫人谢蔚英也没

冰冷的西北风

（依 · 兴 · 吴 ·）

呵！无情的西北风，又来了，远子躲在墙角里，妈蚁藏在穴中，燕子也搬到南方去了。人们都在屋中烤火，简直成了一个悽惨的世界。这西北风再從窮人的破衣缝中一直刺，凍得那些窮人，浑身的抖，那披著狐裘貂鼠的大塱秘紳士们，坐在煖窒的洋房中，剧著汽媞，西北风只能在空中逞威，不能奈何他。咳！西北风呀，你的威權只是如此嗎。

（塘沽明星小學叁一）

发表于1930年1月26日天津《大公报》"儿童"副刊

1935年所摄的明星小学。可以看到周边环境的荒凉（照片由天津碱厂档案室提供）

有只言片语的描述。

《冰冷的西北风》发表于1930年1月26日天津《大公报》"儿童"副刊，文后标明作者就读"塘沽明星小学校高一"。这篇不足二百字的习作，起码表明吴兴华走上文学道路起步于天津，同时也填补了诗人生平研究的一块空白。

根据《天津碱厂志》记载，塘沽明星小学成立于1925年2月18日，原是永利碱厂和久大精盐厂合办的子弟小学，担负着对职工子女的普通教育和为高一级学校培养合格新生的任务，校名取创始人范旭东"旭东照明星"之意而定。

有趣的是，后来去了台湾的女作家罗兰（原名靳佩芬）少年时代也在天津塘沽明星小学读过书，且在著作《蓟运河畔：岁月沉沙第一部》提及这段经历。罗兰虽然比吴兴华大两岁，但后者早慧，入学早（上述《大公报》"儿童"副刊当期还刊登有另一个"塘沽明星小学高一级"学生刘泉祥的作文《一天的日记》，他的年龄是十四岁），两人应该同时期在塘沽明星小学就读，不知道这两位后来的作家，在孩提时代是否有过交集？

2017年3月17日

罗念生的笔和拳头

天津《人生与文学》月刊1935年第1卷第3期，刊登有吴奔星的组诗《流水音》。同一个页面还有罗睺的诗作《歌——异国的风光》，作者是一个陌生的名字。起初，我只是在《天津益世报》1934年6月27日的《文学周刊》第17期上见过他的另一首诗作《爱情与战争》，而1934年第1卷第2期的《水星》，则刊有署名"罗睺"的散文《拜伦与希腊——希腊游记》。

后来，偶尔翻阅《沈从文全集　文论（第16卷）》[1]，"编者言"类别里收录了1935年3月3日天津《大公报·文艺副刊》141期沈从文署名"发稿人某甲"刊出的一则"编者白"，又看到了罗睺（错为"睺"字[2]）的名字，并且发现一则眼下鲜有人知的文坛公案出来。当然，首先要看看这段"编者白"的内容：

> 罗睺茅盾两先生，关于讨论荷马史诗希腊演剧等问题，编者以为凡属讨论，引用错了的改正，批评错了的也认错，自然是件很好的事情，因此一连登载了两篇罗睺先生的文

1　北岳文艺出版社，2002。
2　《茅盾文集》（第33卷，人民文学出版社，2001）收录有《再答罗睺先生》。

章。但到近来两方面嫌讨论不清，讽刺不足，还大骂另外一人作"疯狗"时，两人文章既然都不是在告给读者"疯狗"一名辞的用法，这讨论似乎也就应当结束了。编者意茅盾先生的文章，原只是写给中学生看的，譬如说到希腊看戏不花钱这类小事，罗暲先生若果不担心中国中学生因此就只想看不花钱的戏，给茅盾先生私人一个信提提，也就得了，此后不用再说顶好。茅盾先生若觉得罗暲先生的批评是"挑眼儿"，下次中学生[1]还要有什么复信时，对于文气上如并不关紧要，编者以为就不妨把"疯狗"两个字去掉。因为从读者观点说来，明白是非是多数人需要的，互谥"疯狗"对读者却并无多大兴味。

罗暲和茅盾就荷马史诗和希腊演剧之间的争论，孰对孰错，三言两语说不清楚，也不是本文关注的范畴，有兴趣的读者不妨自去找来当时论战的原文研读。不过，上述《沈从文全集》"编者白"之后，附录有罗暲的致编者函，题为《荷马史诗讨论的余波》，"疯狗"字样出现两处，即："只疯狗似的在哪儿乱叫"，"你对于一条疯狗，有什么办法"。让我奇怪的是，沈从文的"编者白"似乎是对"互谥'疯狗'"不满意的，还认为"对于文气上如并不关紧要，编者以为就不妨把'疯狗'两个字去掉"，为什么却在这篇文章留下两处"疯狗"来？岂非说一套

---

[1] 应为《中学生》杂志，茅盾两篇和罗暲讨论荷马史诗希腊演剧的文章分别发表于1934年第49期和1935年第52期。

做一套,抑或本身就有倾向性?

当然,我更好奇的是,正常讨论学术问题,怎么演变到冒出"疯狗"字样来呢?查1935年2月1日出版的《中学生》第52期,茅盾在《再答罗暎先生》一文,竟然有如下字样:

> 倘使罗先生老是用那样的笔调去"讽刺",那么被讽刺的人是要乐得闭不拢嘴的!可惜《中学生》的"文学病院"久已不开诊,不然,我真想介绍罗先生那文章去,挂个号道:"讽刺病人一名,但也许是疯子病。"

看来,还是有"疯子病"的称谓在前,尔后才有针锋相对的"疯狗"啊!

沈从文的"编者白"中有"这讨论似乎也就应当结束了"字样,事实上,讨论在其后两年里尚有余波:1937年3月1日,罗暎在《国闻周报》第14卷第8期发表书评,对茅盾1936年6月把在《中学生》杂志发表的一些"长篇大论收集起来出了一本《世界文学名著讲话》"提出批评。他表示,茅盾第一章论荷马的诗,有几个地方不很妥当,两年前曾在《大公报·文艺》提出,"他虽然没有完全接受我的批评,但他自己认错的地方已经在本书里更正了"。不过,罗暎认为此书第二章"伊勒克特拉"仍有很多地方不妥当,并一口气提出十点批评意见。书评最后说:

> 以上十点如果说错了,希望茅盾先生一一指教。如果有

一些可取的地方，希望茅盾先生把这一章书好好改一改。

就我目力所及，这次未见茅盾的"指教"。或许和不久之后抗战军兴有关。当然，上述书评，似乎也是署名"罗睺"的最后一篇文章。

走笔至此，还是有一个疑问需要解答，即写诗、写散文，又写书评的罗睺，究竟是什么人，为什么后来销声匿迹了？

几个月前，对《罗念生全集》进行修订再版工作的马晓玲女士和我联系，核对罗先生发表在《小雅》诗刊第四期上的诗作《李妈的梦》，承其指点，得知罗睺原来是诗人、翻译家、古希腊文学研究专家罗念生（1904—1990）的笔名，2004出版的《罗念生全集》第10卷中"罗念生年表"里就有提及[1]，只不过这个笔名使用不多，无人注意罢了。

对于罗睺的身份，沈从文肯定清楚。罗念生在《翻译的辛苦》[2]一文中，曾如此说：

> 此外，我还与陈麟瑞（林率）合译了德国施笃谟的中篇小说《傀儡师保尔》[3]。我的德文程度很肤浅，译文不够忠实。这本书有点版税，送给沈从文了。

---

[1] 遗憾的是，年表中的"罗睺"仍错为"罗睺"。

[2] 海岸选编《中西诗歌翻译百年论集》，上海外语教育出版社，2007，第156—157页。

[3] 上海中华书局，1931。

沈从文在自己主持的副刊连续刊登罗的两篇批评文章,尽管对"疯狗"说并不认同,但并未痛加删削,可见二者关系不一般。不过,《沈从文全集》的编辑出版在沈先生去世多年之后,全集里并没有标明罗暌的身份。至于《茅盾全集》,同样没有注明"罗暌"的身份,也不知道茅盾是否清楚锲而不舍挑战自己的"罗暌"就是罗念生!

写到这里,我哑然失笑。我想,如果茅盾和罗先生当面争论起来这个问题,两人会不会打成一团呢?最后又会是谁占上风呢?

2007年出版的《罗念生全集》补卷中有一篇重抄于1988年的文章《有关梁宗岱的资料》(第430页),透露罗念生第四次文代大会期间和老友梁宗岱见面聊天的情况:

> 这次见面由我独自谈笑。我告诉宗岱,1935年我们在北京第二次碰头时,就因为新诗的节奏问题而进行辩论,各不相让,继而动武,他把我按在地上,我翻身压倒他,使他动弹不得。我警告他,如今再动手,我可一拳送他"回家"。这样的话我讲了许多。宗岱回广州后,来信说我吹牛过甚,无一事是真。

好一个"一拳送他'回家'"!好一个文武兼备的罗先生!好令人艳羡的罗梁之间不打不成交的友谊!我突然想到,在文学批评上坚持己见,用拳头定胜负,似乎比口出恶言更胜一筹。如若罗念生和茅盾有机会能够像罗梁一样大打一场,有没有打开心结,成为知心朋友的可能呢?

2015年12月

我思想，故我是蝴蝶
——戴望舒给李白凤的题诗

说起《我思想》这首新诗的题目，很多人未必知道。但如果再接着念下去："我思想，故我是蝴蝶……/万年后小花的轻呼/透过无梦无醒的云雾，/来振撼我斑斓的彩翼"，很多人会发出"哦"的一声：这是再耳熟能详不过的大诗人戴望舒的名作啊！

作家端木蕻良曾在《随笔》1988年第4期的文章《友情的丝》开头引用此诗后表示：

> 这是戴望舒题《李白凤印谱》的诗，这诗原是他早年作的。我将它写在这里，是因为那正是闻一多以铁笔刻印度日的年代。李白凤也和闻一多一样，治印，作赔本生涯，其实，是在传播艺术种子，也是对现实的一种抗议。望舒给我的信，几经流转，也已片纸无存了，现在能在《李白凤印谱》中见到他的手迹，不由引起我无限思绪……
>
> 如今，望舒和白凤都不在世了，知道他俩都同时出现在《现代》文学杂志上的人，已经没有几个了。知道望舒曾为《李白凤印谱》题诗的人，更没有几人了。

确实，在我的印象里，那些名头特别大的名作，很难看到诗人的手迹。比如，徐志摩的《再别康桥》，闻一多的《死水》，都是如此。不过，《我思想》这首诗的手迹，却因为戴望舒为诗人李白凤的题词，而奇迹般地保存在这个世界上，真是令人喜出望外。于是，在我读到端木蕻良的文章后，立即翻出来李白凤夫人刘朱樱女士赠送给先父吴奔星的《李白凤印谱》[1]，想一睹为快！遗憾的是，把印谱从头翻到尾，只看到叶圣陶题签，茅盾、臧克家、陈迩冬、郭沫若、柳亚子等人的题词、题字或题诗，怎么也没有找到戴望舒的题诗！令人不解的是，印谱的序言即端木蕻良本人1980年5月所写，并未提及戴望舒，《友情的丝》作于1986年12月，中间不过七个年头，但对自己作序之书里的回忆出错，多年后也没有改正，实在令人费解。此文后收入同题散文集，1993年由花城出版社出版，内容并无修改。此外，端木说戴望舒和李白凤是"同时出现在《现代》文学杂志上的人"也不准确，因为李并未在《现代》发表过作品！因为涉事的老人们早已离世，无法向他们求证，我只能打电话向李白凤的女儿李蓉裳大姐探询，遗憾的是，她也一无所知！

《印谱》后记是刘朱樱女士所写，其中也没有提到戴望舒的情况：

> 白凤生前曾把他的印稿集为二册，名为《存疑斋印

---

1 中州书画社，1983。

稿》。其中还收进了郭沫若、叶圣陶、柳亚子,臧克家解放前在上海为他治印题的字,和柳亚子写的《李白凤鬻印小启》,并自写了一篇序。在朋友的协助下,这次对《印稿》作了补充和适当调整,定名为《李白凤印谱》,请叶老题签、端木蕻良同志写序、曹辛之同志设计封面,茅盾和臧克家同志也热情为《印谱》题字,陈迩冬同志抄寄来他往日答白凤的一首诗。

从后记看,《李白凤印谱》是当年出版时定名的,戴望舒生前不可能为印谱题诗,顶多是当年为李白凤治印题词。

如此说来,是不是戴望舒为李白凤题写的诗作《我思想》手迹,又无处寻踪了呢?非也,非也!虽然《李白凤印谱》里没有这幅手迹,但施蛰存、应国靖所编的《中国现代作家选集·戴望舒》[1]卷首,却赫然印有这幅手迹,戴望舒的题诗之后还有"录小诗呈政白凤老兄戴望舒卅五年十二月一日"字样,由此看来,确实不是为治印而题。题诗的时候,戴望舒和李白凤都居住在上海,并从事诗歌活动,此为两人当时交往的证据。

李白凤是我父亲吴奔星1936年主编的北平《小雅》诗刊的作者,同样也是稍后分别创刊于苏州和上海的诗刊《菜花》(一期后改名《诗志》)和《新诗》的作者。而《菜花》主编路易士和《新诗》主编戴望舒,同时也是《小雅》的作者。正如路易士晚

---

[1] 人民文学出版社,1993。

年在回忆录中所说:"大多数《新诗》的作者,同时也就是《菜花诗刊》和《诗志》的作者;而给《诗志》写稿的,同时也经常给《小雅》写稿。"

李白凤是一个重友情的诗人,喜欢请文朋诗友题字题词,也喜欢赠诗给朋友。比如,李白凤曾写有《寄奔星》《安化吴奔星(拟古十七首之一)》《五月柬路易士》,路易士则写有《赠李白凤》《寄李白凤》等。就我目前所见,尚未看到李白凤赠诗戴望舒,但戴为李题诗,则无疑是两位诗人友谊的见证,其中肯定也有一段湮没了的故事!

端木蕻良说《我思想》一诗是戴望舒"早年作的"。我在读秀里检索了一下,此诗至少被收录进一百多部戴望舒的作品集或与他人的诗选合集,不过,仅有不多几个选本标明此诗作于1937年3月14日,原载《文学杂志》1937年第1卷第1期,或标明选自1948年2月上海星群出版社出版的戴望舒诗选《灾难的岁月》。不过,如果追问一句,这首诗原来的标题如何,恐怕就几乎无人知晓了。就我目力所及,没有诗歌专家提及。

检点《文学杂志》1937年第1卷第1期,刊有戴望舒诗作二首,总题为《新作二章》,一是《寂寞》,二是《偶成》,《偶成》即《我思想》,不过,当时没有注明写作时间,标题和写作时间应该是收录到《灾难的岁月》时分别拟定、补充的。

所谓《偶成》,其实就是无题。在诗歌创作上,有一个很有趣的现象,就是很多偶成或无题诗作,是前无古人后无来者的佳构,如李商隐的多首《无题》。卞之琳先生的现代新诗名作《断

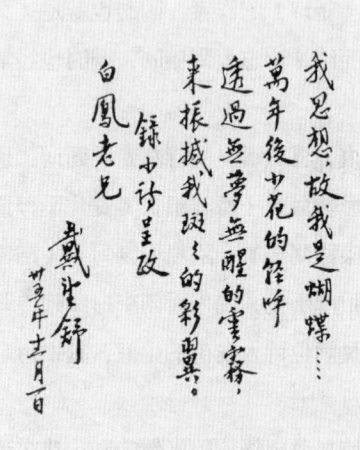

戴望舒为李白凤的题诗书影

章》,其实也是偶成或无题。戴望舒的《偶成》后来即便从第一句拿来,改题为《我思想》,在我看来,依旧是无题诗。这些诗歌史上的名篇佳构,无论取怎么样的题目,都无法概括其不羁的想象和奔流涌动的内涵。这种理解,是否恰当,愿意听听读者诸君的意见。

最后,还要指出的是,戴望舒为李白凤题诗的最后一句,和通常的版本"来振撼我斑斓的彩翼"不同,是"来振撼我斑斑的彩翼",《文学杂志》初刊时即为"斑斑",此后九年戴为李白凤题诗时仍写作"斑斑",只是两年之后,即1948年结集时改为"斑斓",我不知道这是诗人的本意,还是排字的错误。我把《偶成》诵读了多遍,还是觉得"斑斑"为佳!"斑斑",是属于诗人诗句的,比如白居易的"草色斑斑春雨晴,利仁坊北面西行"、柳贯的"断雁残鸿飞杳杳,绿芜红叶映斑斑",而"斑斓",则多半出现于小学生的造句和中学生的春游作文。

2016年4月

诗人俱成风景

——邵燕祥先生与诗二题

诗作《别》的签发人

8月2日晚上,在微信朋友圈看到邵燕祥先生于8月1日去世的消息,虽然老人是在睡梦中安然离开,还是颇觉突然。疫情暴发之初,曾短信问候邵先生,他回复说:"谢谢关怀。我们足不出单元门。购物、一日三餐、采购等等,全由退休的女儿和未退休的女婿承担了。儿子生于1961年,尚在上班,住得较远,建议他和儿媳少来这里。健康第一!"

和朋友圈看到的邵先生诗人、杂文家、散文家的名头不同,我初次听说的邵燕祥先生,是一名诗歌编辑。那是在1982年读大学时暑假回家,父亲吴奔星取出一封信,告诉我他的一首诗作被江苏某文艺刊物退稿后改投《诗刊》,邵燕祥以编辑身份(当时似乎是《诗刊》编辑部主任)来信表示留用。记得邵先生信中有"想不到老先生有如此清辞丽句"之句,给我留下深刻印象。这首题为《别》的新诗在当年《诗刊》第11期发表后,不胫而走,深受读者喜爱,后来还上了央视的新年新诗会、入选《〈诗刊〉50周年诗选》。可以说,如果没有邵先生的独到眼力,这首多年来为不同年龄段读者所传诵的新诗名篇,很有可能湮没至今。

2016年夏,我曾给邵燕祥先生发去邮件,请教有关《别》的原稿事宜:

> 邵老:您好。刚刚从中国现代文学馆收到我父亲诗作《别》的手稿,是《诗刊》捐赠的。记得此诗是您发稿的,您当时有信给我父亲,我也看过,里面大约有"老先生还有如此清辞丽句"之句,我父亲一直夹在日记本里,遗憾的是,他去世后,我至今还没有找到这封信。
>
> 附件里是这首诗的原稿,有发稿人签批的字样,您看看,上面的字迹是您的吗?多谢。

邵先生当时看了我的邮件,用手机短信回复了我,可惜的是,我的那部旧手机已损坏,短信无法导出保存。只记得邵先生表示,原稿上批注字体、字号的笔迹,并非他本人,如果有他的笔迹,应该在稿签单上,但中国现代文学馆保存的《别》的原稿并不包括稿签单。这份《别》的稿签单,不知道现在还在不在呢?当然,邵先生作为一名独具慧眼的诗歌编辑,发现的好诗应该不少,此类稿签单多少应该有所保留,如果有机会搜集起来,完全可以进行一番研究。

邵先生去世次日,微信公众号"新文学甜点"发了一文,以《邵燕祥先生去世:你走了,留下了整个的你》为标题,即出自当年他审阅签发的诗作《别》的最后一句,真是再恰当不过!

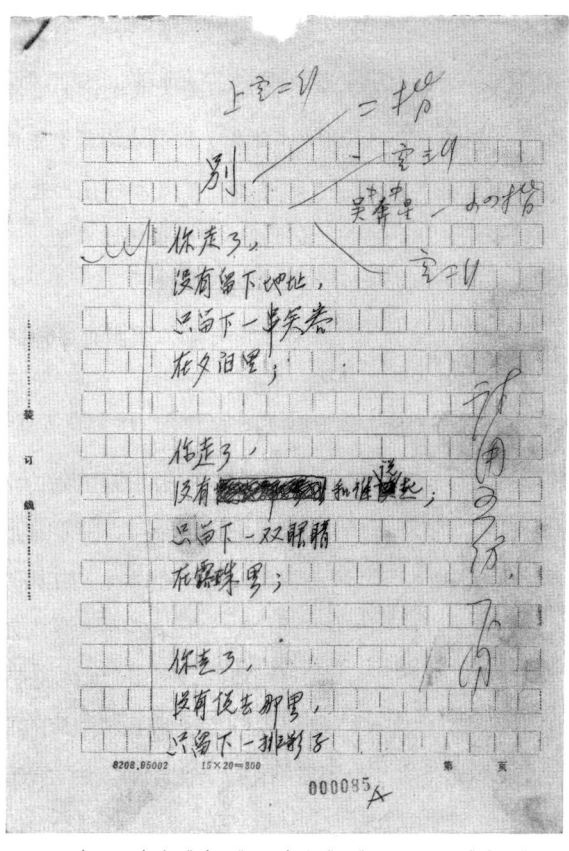

吴奔星发表在《诗刊》的诗作《别》原稿,由《诗刊》赠送给中国现代文学馆馆藏

纪弦的《风景》

2013年7月,百岁诗人纪弦在美国去世。纪弦先生曾发表过一首诗,涉及先父吴奔星以及诗人徐迟、邵燕祥,一时不记得诗作内容,于是联系邵先生,结果他并不知此诗的存在。后来,我找到了诗作《风景》,通过邮件传给邵先生,他7月26日通过邮件回复说:

心海兄:信悉。前此读来信,说到此诗,我懵然不知,纪弦老先生此诗盖写于1990年,而从那时到后来主要是在九十年代间(2003年我还写过一首词祝他九十大寿,后来听说他已健忘,遂疏问候),我们书信来往中,他从未曾提到这首诗。这也难怪,他当时也近八十了,读令尊诗后趁热打铁,诗中涉及谁随后忘却,也是自然的。我估计徐迟先生生前,亦未必读到过此诗也。

天大热,多多保重!

两天之后的7月28日,邵先生就此写成《纪弦的一首诗》,收入《今诗话五则》,发表在2013年出版的《悦读》第34期上。

纪弦的《风景》一诗,有这样的句子:

吴奔星看我,/我看徐迟,/徐迟看大江东去。/都是些看风景的人,/而也都成为风景的一部分了。/至于邵燕祥呢,/他在看什么啊?

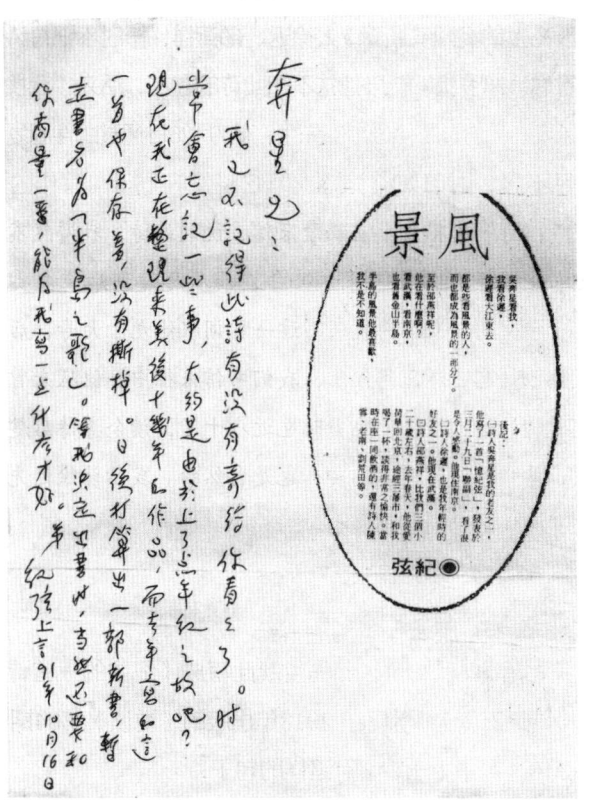

纪弦诗作《风景》及题记书影（1991年10月16日）

当然，邵燕祥也在看风景，"看武汉，看南京，也看旧金山半岛"。不知道纪弦先生在创作《风景》一诗的时候，是否想到过卞之琳先生的名篇《断章》："你站在桥上看风景，/看风景人在楼上看你。/明月装饰了你的窗子，/你装饰了别人的梦。"

岁月不居，时节如流。诗人纪弦整整三十年前写作的《风景》一诗，诗中包括作者在内的四位诗人，如今都从看风景的人，成为风景的一部分了……

2020年8月6日

跋

2023年元旦过后,收到深圳报业集团的掌门人丁时照新著《提笔应写放胆文》,其中收录了他2016年为拙著《故纸求真》所写的书评《熔断马太效应》(其实我更喜欢《深圳晚报》发表时的名称《我们都是历史的无名氏》)。

我的这位老同学在书评中给我开玩笑说:

> 我本想把鲁迅的名言"我吃的是草,挤出来的是牛奶"赠与吴心海,突然想到,鲁迅可能是属牛的,所以他挤出的是"牛奶"。吴心海是属兔的,他要吃多少草才会挤出一杯"兔奶"?

正在"阳康"中的我,重读此话,不免有双目潮润之感。时照同学的话,是玩笑,也是事实。作为一个业余爱好者,在充满了高级奶牛和高品质牛奶的现代文学史料领域,我只能加倍努力去发现和求实,吃比旁人多不知道多少倍的草,才能挤出些许更有价值、更有营养的"兔奶"来。当然,我希望并自信花甲老兔的"兔奶",也有不同于"牛奶"的别样风味。

最后,必须感谢至今未曾谋面的向继东先生的信任和厚爱,把拙著《我思想,故我是蝴蝶——故纸堆里觅真相》纳入他策划、北岳文艺出版社出版的"香雪文丛"里,让我退休之际把最近几年工作之余的耕耘果实收拢起来。

吴心海

2023年2月3日于南京

香雪文丛书目

刘世芬《毛姆VS康德：两杯烈酒》
夏　宇《玫瑰余香录》
汪兆骞《诗说燕京》
方韶毅《一生怀抱几人同——民国学人生平考索》
王　晖《箸代笔》
周　实《有些话语好像云朵》
魏邦良《传奇不远—代真才—世师》
刘鸿伏《屋檐下的南方》
苏露锋《士人风骨》
高　昌《人间至味淡于诗》
邢小群《回首来时路》
赵宗彪《史记里的中国》
陈　虹《替父亲献上一束鲜花——上一辈文化人的故事》
吴心海《故纸堆里觅真相》

// 集木工作室

投稿邮箱：jimugongzuoshi@163.com
微信公众号：集木做书